塑造完美形象视角下形体训练理论与实践探索

罗　琳　著

中国纺织出版社

内容简介

众所周知，形体训练是一项科学的运动项目，是较为优美且高雅的健身训练。本书主要基于民航运输类、旅游类、艺术类、体育类等领域进行相关研究，首先对形体进行概述，然后从形体素质的训练以及基本要求等方面进行具体阐述，最后从实践的角度出发，将形体训练的具体方法进行分析并加以革新。本选题成书以后的主要针对人群为高校教师，或可作为形体训练领域中研究人员的参考用书。

图书在版编目(CIP)数据

塑造完美形象视角下形体训练理论与实践探索 / 罗琳著. -- 北京 : 中国纺织出版社, 2018.9

ISBN 978-7-5180-4353-8

Ⅰ. ①塑… Ⅱ. ①罗… Ⅲ. ①形体—健身运动—研究 Ⅳ. ①G831.3

中国版本图书馆 CIP 数据核字(2017)第 291184 号

责任编辑：武洋洋　　责任印制：储志伟

中国纺织出版社出版发行
地址：北京市朝阳区百子湾东里 A407 号楼　邮政编码：100124
销售电话：010－67004422　传真：010－87155801
http：//www. c－textilep. com
E－mail：faxing@ e－textilep. com
中国纺织出版社天猫旗舰店
官方微博 http：//www. weibo. com/2119887771
北京虎彩文化传播有限公司　各地新华书店经销
2018 年 9 月第 1 版第 1 次印刷
开本：710×1000　1/16　印张：13. 25
字数：236 千字　定价：60. 00 元

前　言

良好的形象是美丽生活的代言人，形象气质的提高不仅对于个人是一种精神层次的提升，而且对于成功人生的开启也是一种潜在资本。形象的塑造对于每个人来讲都具有非常重要的作用和价值，在竞争日益激烈的今天，形象的完美与否，已经关系到提升企业或组织的整体素养层面，形象的魅力已然成为一种全新的生产力资源。为了能够提升人们的形象与气质，提升人们在社会立足的重要支撑点，特撰《塑造完美形象视角下形体训练理论与实践探索》一书。

本书大致分为三个部分，第一部分为第一章，主要阐述的是形体训练的一些基本理论；第二部分为第二至第五章，主要阐述的是形体训练中的一些基本姿势、形体、气质以及素质训练，第三部分为第六章，主要阐述了在形体训练中一些具体的训练实践项目。

第一章主要阐述了形体训练概论，包括形体训练的概念、作用与方式、形体训练的内容及分类、形体训练的目标及要求、形体美的评价与标准；第二章主要阐述基本姿态训练，包括站姿训练、坐姿训练、走姿训练、蹲姿训练、姿态的组合练习；第三章主要阐述气质训练，包括气质的概念及类型、气质训练的内容、气质的专门训练；第四章主要阐述形体素质训练，包括柔韧素质训练、力量素质训练、身体协调性训练；第五章主要阐述不良身体形态矫正训练，包括躯干不良形态矫正训练、下肢不良形态矫正训练、肩部不良形态矫正训练；第六章主要阐述形体塑造的科学实施，主要包括形体训练实践之健美操、形体训练实践之芭蕾、形体训练实践之瑜伽、形体训练实践之交际舞。

总体上来说，本书逻辑清晰，内容丰富，具有重要的理论价值，其中提出的一些对于形体训练方式的有关意见和建议契合了当今社会发展以及塑造完美形象的需求，体现了本书的科学性和时代性。理论的发展最终是为了指导实践，希望本书能够在人们探索形体训练的道路上尽到微薄之力。

本书在撰写过程中，对前人有关形体训练的资料进行了借鉴和吸收，在此对其作者表示诚挚的谢意。由于时间仓促，水平有限，书中难免会有遗漏不妥之处，恳请广大读者朋友批评指正。

作者

2018 年 3 月

目　录

第一章　形体训练概论 …… 1
第一节　形体训练的概念、作用与方式 …… 1
第二节　形体训练的内容及分类 …… 5
第三节　形体训练的目标及要求 …… 26
第四节　形体美的评价与标准 …… 31
第二章　基本姿态训练 …… 39
第一节　站姿训练 …… 39
第二节　坐姿训练 …… 43
第三节　走姿训练 …… 49
第四节　蹲姿训练 …… 54
第五节　姿态的组合练习 …… 57
第三章　气质训练 …… 81
第一节　气质的概念及类型 …… 82
第二节　气质训练的内容 …… 94
第三节　气质的专门训练 …… 97
第四章　形体素质训练 …… 105
第一节　柔韧素质训练 …… 105
第二节　力量素质训练 …… 115
第三节　身体协调性训练 …… 137
第五章　不良身体形态矫正训练 …… 141
第一节　躯干不良形态矫正训练 …… 141
第二节　下肢不良形态矫正训练 …… 143
第三节　肩部不良形态矫正训练 …… 147

第六章　形体塑造的科学实施 ······ 150
第一节　形体训练实践之健美操 ······ 150
第二节　形体训练实践之芭蕾 ······ 163
第三节　形体训练实践之瑜伽 ······ 178
第四节　形体训练实践之交际舞 ······ 189
参考文献 ······ 205

第一章　形体训练概论

形体训练根据人体自然形态发展规律和运动规律，以舞蹈、芭蕾为基础训练，达到健美体型，以艺术体操、健美操等为基本练习，是培养良好身体姿态的目的，是人们在音乐伴奏下，有计划、有步骤地进行科学训练的过程。

形体训练还有一种训练就是饭店服务专业的训练，饭店服务专业的训练主要是强调个性、品质、情操的培养，服务礼仪的规范和要求，同时包含身体动作的规范、节奏以及姿态和仪表的训练，内外兼修以提升学习者的职业素养。

第一节　形体训练的概念、作用与方式

一、形体训练的概念

形体训练的主要概念是指以人体形态科学为基础，以完善体型、姿态为重点，将培养学生良好的个性和气质贯穿于教学活动的全过程，是以美的标准进行的一项运动，以特定的身体练习为基本手段，以人体科学原理为指导，以发展形体专项素质为基础。

（一）目的性

形体训练是以培养良好形态的身体练习为主要特征的科学非剧烈的体育运动。形体训练是一种以其严格规范的形体控制练习，根本目的是培养良好的身体形态。形体训练的内容多为周期性的静力性活动和控制能力的练习和舒展优美并符合人体运动的自然规律而进行徒手练习为基础的运动形式。

为了正确把握形体训练的概念，我们来比较一下它与艺术体操、舞蹈的异同。

形体训练与艺术体操、舞蹈的主要相似之处在于，含有美育的因素，陶冶情操。具有健身、健心的双重作用。以身体活动为主要形式，都是通过反复的身体练习掌握“三基”发展身体。

它们的区别在于：艺术体操是徒手和手持轻器械在音乐伴奏下进行的以自然性和韵律性动作为基础的体育运动项目。舞蹈是以经过加工创造的形体动作表达人们的思想感情、反映现实生活的一种艺术形式，它既是身体活动，又是自身的表现。

为达到形体美的目的，形体训练则是通过徒手或器械等专门的综合性练习，而进行的有计划、有组织的教育过程。

由此可见，形体训练则强调教育性、基础性与功利性，艺术体操具有专门性和竞技性，重在技、艺结合。舞蹈侧重娱乐性、表演者、重在情、动结合。它们之间既有联系，又有区别。但形体训练是艺术体操和舞蹈的基础。

（二）艺术性

在形体训练中常加入音乐，形体训练是一种具有美的性质的运动。在形体训练中，还提高了形体训练者的音乐素养，形体训练具有强烈的艺术性。

形体训练将整个形体训练生动地组合起来，可以说是一种具有艺术特征的身体运动。值得强调的是，形体训练常以其丰富多彩的练习内容及形体美的表达形式，选择创造出不同风格，舒展优美的姿态、矫健匀称的体型，使整个形体训练变得生动、优美。

还可以根据不同风格的乐曲，集体练习巧妙变换的队形等方式展示强烈的美感。所以其对美的感受较于其他体育运动要强得多。形式的形体训练动作，有助于培养其良好的气质和修养。

形体素质训练中钢琴是感受音乐美感的首选乐器，形体训练对于训练音乐素养起了很大的作用。钢琴的表现力是所有乐器中最为突出的，形体素质训练中多采用旋律优美的钢琴曲伴奏，是最好的乐器。

（三）多样性

芭蕾、体操、艺术体操和舞蹈等运动项目的基础就是形体的训练，形体训练的方法、形式、项目等多种多样，适用于不同水平的练习者。是培养现代礼仪的主要手段。

形体训练是各项以身体表现为主的舞蹈和运动项目的基础训练内容，而这些项目又促进形体的训练，对提升个人形体美、培养个人艺术素养有着重要的作用，两者相辅相成。

人体解剖学、运动心理学、运动训练学、运动生理学、美学等学科，是从形体训练的理论方法指导下进行的。可根据不同的体型和体制、不同的年龄和性别、不同的训练目的和各自的水平，选择不同的训练方法。

节奏柔和缓慢的练习、局部练习、单人练习、徒手练习、全身性的练习、器械练习、站姿练习、坐姿练习、节奏快、双人练习、集体练习、动感强的练习等都是从形体训练的形式上来进行的。

训练正确的站、坐、行走姿态的专门练习、健美体形的练习、言谈、举止、礼仪等形体语言练习、健身强体的练习、适合胖人减肥的锻炼、塑造形象的着装、发式、化妆、适合瘦人丰腴健美的锻炼等是从形体训练的项目上来进行的。

二、形体训练的作用

形体训练对练习者身心的健康发展主要表现在以下两个方面，具有积极的促进作用。

（一）生理功能

1．健身功能

经常参加形体训练，可以提高心血管系统、呼吸系统、消化系统等内脏器官系统的机能，可以改善中枢神经系统的功能，还有益于肌肉、骨骼、关节的匀称与和谐发展，这一特点，决定了它与其他体育活动一样，对人体的各主要器官系统都起着良好的锻炼和调节作用。

经常参加形体训练，使身体保持旺盛的精力，使神经活动过程的强度提高，促使青少年运动系统工作能力的提高，增强机体活动能力，并使主要实施这些系统的器官——心、肺等在构造上发生有益的变化，形体训练是以身体练习为基本手段的身体活动。

2．健美功能

通过形体训练，可以使身体各部位的肌肉协调、均匀发展。长期坚持形体训练，可以减少体脂，提高健康水平，控制体重，增强身体素质，可以克服身体自然形态的不足，使形体健美，永葆青春活力，可以使青少年形成正确的身体姿势，矫正畸形和不良姿态，同时还能塑造体型、姿态，等等。

健美的含义有符合人体美的标准健康，形体训练独特的练习内容使骨骼形态、肌肉、体型、姿态等方面基本符合规定的审美要求。它在塑造健美形体方面起着其他体育活动不可取代的作用。

（二）心理功能

1. 培养健康的审美

当你通过反复的、多样的、不间断的训练，获得了美的形体、美的表现力时，能极大地提高练习者对生活中美好事物的深刻感知能力。

通过艰苦的努力就容易领悟这样的道理，只有热爱生活、不懈追求，才能显示生命的价值，才能创造美。对各种刺激的适应能力和对信息的反应能力，是由一系列的身体练习构成的。

2. 增强自信心

坚持形体训练的人一般都能正确认识和评价自己，健美的身体对自己是一种良性心理刺激，由于形体训练使体魄强健、精力充沛、气度不凡，会使人更加朝气蓬勃、奋发向上，坚信自己的力量，你就不会再为自己形单体薄、精神萎靡而怨天尤人、自惭形秽，并对情绪和性格产生积极的影响，满怀信心地迎接各种挑战。

3. 磨炼意志

获得形体美的过程往往也就是战胜自我，与自己身上可能出现的娇气、任性、散漫、脆弱、惰性等不良性格做斗争。只有进行坚持不懈地进行形体训练，才会使品格得到升华。

三、形体训练的方式

形体训练是获得形体美的主要途径。形体训练的内容和方式多种多样。舞蹈是一种综合性的人体动态造型艺术，通过舞蹈训练可以发展学生身体的协调性、柔软性、灵活性，培养良好的身体姿态，在一定的空间和时间内，它以经过提炼、组织、美化了的人体动作为主要艺术手段，可以提高学生的表现力、鉴赏力，陶冶情操。

健美操顾名思义，是以健身美体为主要特点的运动项目，其内容丰富、简单易学、变化繁多，不受年龄、性别、场地、器械的限制，还形成良好的人际关系，对促进学生身心全面发展有着重要作用。它不仅强调健而且强调美，把体育与美融为一体，可陶冶美好的情操。

健美操作为一种运动项目，是以人体自身为对象，以健美为目标，可使全身各关节和各部位的肌肉都得到充分的活动，以身体练习为内容，以艺术创造为手段，提高韵律及身体协调性有着特殊的作用，健身操是融体操、舞蹈、音乐于一体的一项新兴的娱乐性、观赏性体育项目。

除了具有一般体育活动共有的锻炼身体、增进健康、增强体质的作用外，通过形体训练可以塑造最佳的自我形象，各部位的肌肉得到均衡的发展，塑造出良好的体态，对女子减肥和改善体态，为今后步入社会参与竞争，增强自信心，展露才华创造条件。同时，还能使自己从美好自身、完善自我开始，进而去美化生活、美化社会。

随着《全民健身计划纲要》的颁发，形体美成了广大女性热衷的追求，通过这些练习方式均可获得健美的形体和优雅的体态。全民健身的热潮正在全国各地相继涌起，形体训练是舞蹈、健美操、艺术体操、体操、芭蕾等项目的基础。

通过连续的人体动作过程和不断流动变化的队形，表现人的内在深层的精神世界——细腻的情感，结合音乐以表达人们的审美情感，深刻的思想、舞台美术等艺术手段，反映生活的审美属性。鲜明的性格和人与自然、人与社会、人与人之间以及自身内部的和谐统一，反映审美理想。

第二节　形体训练的内容及分类

一、形体训练的内容

形体训练形式多样，训练内容丰富，根据形体训练的练习形式及要求，我们把形体训练的内容分为徒手练习和功房练习两大部分。体育项目中的健身操、健美操，竞技体操及杂技中的一些小技巧动作练习等，均为形体训练提供了丰富的素材。

（一）徒手练习

徒手练习包括把杆系列动作练习，通过把杆训练能有效地培养练习者良好的用力习惯，通过专门的动作使练习者逐步学习并体会动作要求，下肢外开、外展等发展腿部肌肉的柔韧性，能有效地控制身体，培养他们对自身姿态的控制，力量练习，胸、腰部柔韧性及灵活性的练习，则是有目的地进行专门的姿态动作的培养与训练，步伐练习则是培养练习者灵活及敏捷的动作，基本动作练习则是一些专门性的有针对性的动作练习，通过这些专门性的动作训练，针对某一部位的力量性单一的练习或提高身体机能性的练习，能提高练习者身体的机能能力，达到健身、健美的目的。

（二）功房练习

功房练习包括持器械练习和利用器械进行练习两大部分。持器械练习是指手持一定的器械进行有针对性的练习。而利用器械的练习，一般是在专业教师的指导下进行的，大多选用一些大型的综合器械进行全面的身体素质及机能的训练。

功房练习是指在练习馆内利用一定的器械进行的形体练习。它要求有周密详细的训练方案和训练进度，练习者可根据自己的情况在专业教师的指导下进行有选择的训练。例如，持具有一定重量的哑铃进行增强上肢力量的练习，或用拉力器进行背部肌肉及上肢肌肉的力量训练。

总之，形体练习的内容极为丰富，有针对性地进行训练，大多是对身体某一部位进行专门性的练习，并继而达到练习针对性的要求。

二、形体训练的分类

形态训练主要是改进身体各部位围度的比例，针对身体各部位的专门练习，使身体的外部线条更趋优美、圆润，促进骨骼的生长发育。

姿态训练则是各类的徒手动作的练习，针对人的站、立、行等各种基本动作姿态的培养，其中以把杆系列动作及中间姿态动作的训练为主，形成良好的姿态习惯，通过操化性的动作训练来培养练习者正确的动作姿态。

气质练习使人内外统一全面发展。它的建立依赖于练习者文化素养的积累与培养，通过气质训练能使练习者内在的素质与外在的身体形态相吻合，是一个内化的培训过程。

形体训练根据形体训练的目的分为形态训练、姿态训练和气质训练三大类。

1. 身体基本姿态训练

良好的身体姿态给人的感觉是端庄、挺拔和高雅的，身体基本姿态的练习内容主要包括站立姿态练习、行走姿态练习和有姿态的跑跳练习三个部分。是形体训练的重要内容之一。

通过丰富多样的训练，改变不良体态，人的基本姿态坐、立、行等身体姿势，在服务实践中能给服务对象留下良好的印象，给人以赏心悦目的美感，可以有效塑造正确规范的身体姿态，

身体基本姿态练习，即基本姿势练习，在音乐伴奏下完成。各类练习主要以组合的形式。以下是单个部位的训练，这也是组合训练的基础，必须先掌握这些单个训练后，才可以进行组合训练。

下肢练习内容：坐撑举腿、屈腿、屈踝、伸踝、踝绕环等。

头颈部练习内容：颈部的前后移动、左右移动、左右转动。头的前、后、左、右屈，向左向右绕环。

背部练习内容：俯卧上举臂、俯卧体后屈、俯卧两头起、体前屈举臂。

姿态训练内容：脚尖步、擦地、跑跳步、画圈、屈伸、柔软步、变换步、华尔兹步等。

肩部练习内容：展肩、收肩、振肩、绕环、提肩、沉肩、扭肩。

胸部动作练习内容：长跪挺胸、左右移胸、俯卧撑、振胸、含展胸、仰卧推举等。

上肢练习内容：手腕练习、臂中绕环、两臂屈臂转、臂摆动、两臂屈、两臂交替屈伸、臂大绕环等。

腰、腹、髋练习内容：髋部前后屈，体前后侧屈、左右送髋。

2. 服务礼仪与服务体姿美感训练

服务礼仪的身体姿势包括站姿、坐姿、走姿、蹲姿等。训练内容包括服务礼仪姿态、服务礼仪规范和服务礼仪的体姿美感练习。服务专业的学生通过该内容的学习和训练，是在其服务过程中身体呈现的各种姿势及其风度。

掌握不同场景的服务礼仪要领和操作规范，服务人员的仪态举止，能够提高专业素养，展示高雅、自信、热情的精神风貌。

服务礼仪与服务体姿美感训练是针对服务专业学生的一类加强身体控制力的练习。

三、形体训练的芭蕾训练

芭蕾起源于意大利，兴盛于法国和俄罗斯，有着“艺术皇冠上的明珠”之美誉。“芭蕾”一词本是法语“ballet”的音译，意为“跳”或“跳舞”。最初是欧洲的一种群众自娱或广场表演的舞蹈，在发展进程中形

成了严格的规范和结构形式。现在芭蕾已经成为一门世界性的艺术，它不仅可以塑造人的外在形象，还可以升华人的内在气质。

芭蕾以其独特的舞蹈形式来展示人体优美的线条，动作流畅，舞姿多变，造型流动，技艺精湛。几百年来形成了一套规范、严谨、科学的芭蕾训练方法。

芭蕾训练中常出现开、绷、直、立四个字，这四个字始终贯穿在芭蕾训练之中，所有的动作必须在开、崩、直、立的基础上完成，所以我们称之为芭蕾的基本元素。

“开”是指髋关节向人体两侧外开，胯关节的打开，舒展了人体的线条，增加了人体下肢的表现能力。

“绷”是指脚腕伸展，脚背上拱，脚心下窝，脚趾并拢，向远向下无限伸展。

“直”是指人体重心的垂直。“立”是指人体每一个关节、肌肉都向上提，有无限提升感。芭蕾将身体美学表现得淋漓尽致，以至于对这种美的评判标准，一直延续至今。现在虽然人们已经不再穿足尖鞋紧身衣，但运用的还是芭蕾的训练体系，并将其融入塑造美的形体训练中。

芭蕾形体训练是一门基本能力的训练，是形体训练课程中最重要的部分之一。通过本章的学习，训练学生身体各部位肌肉的能力，增强直立感、协调性和肢体表现力，使之掌握芭蕾开、绷、直、立的审美特点，提升其原有的自然体态，获得必要的技术、技能和规范的动作，从而提高身体的基本素质。

（一）芭蕾基础训练

芭蕾基础训练内容包括芭蕾的基本手型、手位和脚位等基础知识内容。

世界上各个流派的芭蕾在手位设置上不完全相同，这是因为各流派的表演风格的不同。

这里介绍俄罗斯学派的七个手位，因为俄罗斯流派的手位在延伸舒展性上，在挺拔感觉上，比较突出，并且有助于稳定重心和帮助学习者收紧背部及立腰的作用。在我们的训练过程中利用这七个手位主要是训练手指末梢神经的感觉使得加强动作的美感以及延伸到生活、工作。芭蕾的脚位充分展示了芭蕾“开”的特点，是学习芭蕾的基础，芭蕾中脚的五种基本位置，是学生最早要学习的动作。

不只是因为简单，而是芭蕾课堂上大部分动作都是以这五种位置之一作为开始和结束姿态。外开并非易事，但也并非可怕，它需要时间和坚持不懈的刻苦锻炼。有些人的自然开度好，以下的动作就能很轻易地完成。有些人开度较差些，但多练习就会逐渐达到要求。

芭蕾手的位置从一位到七位，两手臂始终要保持椭圆形，注意不要让手腕和肘关节下榻，手的七个位置运动路线要规范，熟练掌握手的七个位置之后，要头、手、身体各部位协调配合，要体会手位中的内在力量，尤其是后背肌群在动作中起到平稳、稳定的作用，要运用手的表现力来传情达意。芭蕾脚位的开度要保持从大腿根、膝盖、脚腕、脚尖的上下一致。

如果胯部不开，脚位可以站大八字或小八字，切忌某个局部开，某个局部关，造成上下扭曲而损伤。五位和三位站立要保持胯部正，不要因为某只脚在前，而一边的胯歪向前。胯不正的原因正是因为在前五位或前三位的脚没有伸直形成，所以五位和三位站立不但要伸直两膝，而且要夹紧大腿。

1．手型

手自然放松，中指、无名指和小指并拢，食指外开，拇指自然放松。

2．手位

一位：从肩到手指尖在身体前呈椭圆形，手心朝上，两手相距约一只拳头左右，小指边离大腿约二寸距离。

二位：保持一位手状态，两手臂向上抬至手心与胃部平行部位。

三位：保持二位手状态，两手臂向上抬至头顶斜上方。

四位：一只手臂保留在三位，另一只手臂从三位回至二位。

五位：一只手臂仍保持在三位，二位手臂向旁打开。

六位：打开到旁的手不动，三位手下到二位。

七位：打开到旁的手仍不动，二位手打开到旁呈七位。

3．脚位

一位：两脚脚后跟相靠，两脚脚尖向外打开呈一字形。

二位：在一位的基础上，两脚脚后跟分开，相距约一只脚的距离。

三位：保持在二位的基础上，一只脚的脚后跟向另一只脚的脚心靠拢。

四位：保持两脚尖外开状，一只脚在另一只脚的正前方或正后方，形成两条平行线。

五位：在四位的基础上，两脚合拢并紧。

（二）擦地训练

擦地是芭蕾舞基础培训入门的最基础的动作之一。正因为它简单易做，所以被列入基训的最初几个动作，但这个动作要认真地做起来，又并非像看着那么容易。

它的内涵贯穿“开、绷、直、立”的全部真谛。擦地可以在一位和五位脚的位置上向前、向旁、向后方向做。擦地主要通过擦地绷脚背，立脚趾，整条腿向远处、向下延伸，伸展整条腿的肌肉，然后收回。通过擦出收回的不断运动来锻炼腿部力量，尤其是踝关节和脚趾的力量。

1. 向前擦地

右脚用脚跟内侧的力量向前顶出。脚尖擦着地并渐渐把脚背绷直，使脚尖在正前方点地（脚尖是指二脚趾尖的外侧着地），在不许出胯的限制下，尽量把擦出的脚尖伸向最远端并与支撑腿的脚跟保持一条直线。

收回时靠脚尖先收的力量，擦着地倒着擦出的顺序收回动作腿，站好五位或一位。

2. 向旁擦地

右脚用脚背正中间的力量向旁推出，脚尖擦着地面在不出胯的限制下，把脚尖伸向最远端（脚尖是指大脚趾和二脚趾的尖端），与支撑腿的脚保持一条水平横线。收回时靠内收的力量，倒着擦出的顺序收回动作腿，站好五位或一位。

3. 向后擦地

右脚用脚尖先向后渐渐绷起脚背，在不出胯不掀胯的限制下，把脚尖伸向最远端（脚尖是指大脚趾尖的内侧），与支撑腿的脚跟保持一条直线。

收回时靠脚跟先回的力量，倒着擦出的顺序收回动作腿，站好五位或一位。

（三）芭蕾舞实操组合训练

组合共 8 个 8 拍，左脚为主力脚，右脚为动力脚，完成组合 8 个 8 拍动作，然后可反面右脚为主力脚，左脚为动力脚重复一次组合动作。

准备位：五位站立，左脚在后为主力脚，右脚在前为动力脚，左手扶把，右手一位手准备。

（预备拍）1 ~ 4 拍，准备位站好不动；5 ~ 6 拍，右手由一位抬至二位，头随手动；7 ~8 拍，右手从二位至七位，头随手动。(1 ×8 拍) 1 ~2 拍，右脚向前擦出；3 ~4 拍，右脚收回，还原5 ~6 拍，右脚向前擦出；7 ~8 拍，右脚收回，还原。(2 ×8 拍) 重复 (1 ×8 拍) 动作。

(3 ×8 拍) 1 ~2 拍，右脚向旁擦出，同时头从看旁转回看正前方；3 ~4 拍,右脚收回左脚后面五位；5 ~6 拍，右脚从后五位向旁擦出；7 ~8 拍，右脚收回左脚前面五位。

(4 ×8 拍) 1 ~2 拍，右脚从前五位向旁擦出；3 ~4 拍，右脚由绷脚脚尖点地落脚跟为全脚掌着地，注意这时身体重心还是在主力腿左腿上，不要把身体重心移到两腿之间，更不要压胯；5 ~6 拍，右脚提起脚跟为绷脚点地状态；7 ~8 拍，右脚收回左脚后面五位，同时头转向正前方。

(5 ×8 拍) 1 ~2 拍，右脚向后擦出，同时头从看正前方向斜前方倾头，看斜后方；3 ~4 拍，右脚收回还原五位；5 ~6 拍，右脚向后擦出；7 ~8 拍,右脚收回还原五位。(6 ×8 拍) 重复 (5 ×8 拍) 动作。(7 ×8 拍) 1 ~2 拍，右脚从后五位向旁擦出，头由倾头还原看正前方；3 ~4 拍，右脚收回左脚前面还原五位；5 ~6 拍，右脚向旁擦出；7 ~8 拍，右脚收回左脚后面五位。

(四) 芭蕾下蹲的训练

在半蹲的基础上，继续往下蹲，一位脚、三位脚、四位脚和五位脚的脚跟可以略抬起一点，只有二位脚不允许脚后跟抬起，慢慢蹲到底，臀部不能坐在脚后跟上，保持开度和后背挺直。起来时先落下脚跟，再慢慢站起来。

组合共8 个8 拍，左脚为主力脚，右脚为动力脚，完成组合8 个8 拍动作，然后可反面右脚为主力脚，左脚为动力脚重复一次组合动作。准备位：一位站立，左手扶把，右手一位手准备。

(预备拍) 1 ~4 拍，准备位站好不动；5 ~6 拍，右手由一位抬至二位，头随着手动；7 ~8 拍，右手从二位至七位，头随着手动。

(1 ×8 拍) 1 ~4 拍，一位半蹲，同时右手由七位收回二位；5 ~8 拍，还原，慢慢由一位半蹲提起，同时右手由二位打开至七位，头随手动，看旁。

(2 ×8 拍) 1 ~4 拍，由一位右脚向旁擦出，头不动还是看旁；5 ~8 拍，右脚跟下压为全脚掌着地，身体重心由左脚移到两脚之间呈二位脚，头从旁转回正前方。

(3 ×8 拍) 1 ~4 拍，二位半蹲，右手由七位收回二位，头随手动；5 ~8 拍,还原，慢慢由二位半蹲提起，同时右手由二位打开至七位，头随手动，看旁。

（4×8 拍）1～4 拍，身体重心由两脚之间移回左脚上，右脚提起脚跟呈脚尖点地绷脚状态；5～8 拍，右脚收回左脚前面五位脚。

（5×8 拍）1～4 拍，五位半蹲，同时右手由七位收回二位，头随手动；5～8 拍，还原，慢慢由五位半蹲提起，同时右手由二位打开至七位，头随手动。

（6×8 拍）1～4 拍，右脚向前擦地，头不动，还是看旁；5～8 拍，右脚落脚跟，身体重心由后移至两脚中间呈四位脚，头由旁转向正前方。

（7×8 拍）1～4 拍，四位半蹲，同时右手由七位收回二位，头随手动；5～8 拍，还原，慢慢由四位半蹲提起，同时右手由二位打开至七位，头随手动，看旁。

（8×8 拍）1～4 拍，移重心回左脚上，右脚脚跟提起，绷脚，脚尖点地，头不动还是看旁；5～8 拍，收回右脚呈五位脚，头由旁转向正前方。

（结束拍）1～4 拍，右手七位手提手腕，呼吸；5～8 拍，右手七位手收回一位结束。

（五）小踢腿训练

小踢腿是在擦地基础上向空中有控制地踢起，特点是急速、有爆发力，可以锻炼腿部肉，提高动作的速度和控制力及后背力量。

1. 小踢腿前踢

向前擦地，脚尖离地 25 度停住，落地经脚尖点地收回，以五位为例。小踢腿旁踢与小踢腿前踢一样。

2. 小踢腿后踢

向后擦地，脚尖离地 25 度停住，落地经脚尖点地收回，以五位为例。组合共 8 个 8 拍，左脚为主力脚，右脚为动力脚，完成组合 8 个 8 拍动作，然后可反面右脚为主力脚，左脚为动力脚重复一次组合动作。准备位：五位站立，左手扶把，右手一位手准备。

（预备拍）1～4 拍，准备位站好不动；5～6 拍，右手由一位抬至二位，头随着手动；7～8 拍，右手从二位至七位，头随着手动。

（1×8 拍）1 拍，动力脚右脚向前擦地，绷脚，脚尖点地，注意外开；2 拍，动力腿右腿快速向上抬起，右脚离地，抬至 25 度；3 拍，动力腿右腿落下，右脚脚尖点地，然后右腿快速向上抬起，右脚离地，抬至 25 度；4～6 拍，重复第 3 拍动作；7 拍，动力腿右腿落下，右脚脚尖点地；8 拍，动力脚收回前五位，同时头转向前方。

（2×8 拍）1 拍，动力脚右脚向旁擦地，绷脚，脚尖点地，注意外开；2 拍，动力腿右腿快速向上抬起，右脚离地，抬至 25 度；3 拍，动力腿右腿落下，右脚脚尖点地，然后右腿快速向上抬起，右脚离地，抬至 25 度；4～6 拍，重复第 3 拍动作；7 拍，动力腿右腿落下，右脚脚尖点地；8 拍，动力脚收回左脚后面呈后五位。

（3×8 拍）1 拍，动力脚右脚向后擦地，绷脚，脚尖点地，注意外开，头前倾收下颚，看斜后方；2 拍，动力腿右腿快速向上抬起，右脚离地，抬至 25 度；3 拍，动力腿右腿落下，右脚脚尖点地，然后右腿快速向上抬起，右脚离地，抬至 25 度；4～6 拍，重复第 3 拍动作；7 拍，动力腿右腿落下，右脚脚尖点地；8 拍，动力脚收回左脚后面呈后五位，同时头转向前方。

（4×8 拍）1 拍，动力脚右脚从后五位向旁擦出，绷脚，脚尖点地，注意外开；2 拍，动力腿右腿快速向上抬起，右脚离地，抬至 25 度；3 拍，动力腿右腿落下，右脚脚尖点地，然后右腿快速向上抬起，右脚离地，抬至 25 度；4～6 拍，重复第 3 拍动作；7 拍，动力腿右腿落下，右脚脚尖点地；8 拍，动力脚右脚收回左脚前面呈前五位。

（5×8 拍）1～2 拍，动力脚右脚向前小踢腿，右腿快速向上抬起，右脚离地，抬至 25 度，快速转头，看旁；3 拍，动力腿右腿落下，右脚脚尖点地，然后右腿快速向上抬起，右脚离地，抬至 25 度；4～6 拍，重复第 3 拍动作；7～8 拍，动力脚收回前五位，同时头转向前方。

（6×8 拍）1～2 拍，动力腿右腿向旁小踢腿，快速向上抬起，右脚离地，抬至 25 度，注意外开，头不动，看正前方；3 拍，动力腿右腿落下，右脚脚尖点地，然后右腿快速向上抬起，右脚离地，抬至 25 度；4～6 拍，重复第 3 拍动作；7～8 拍，动力脚收回左脚后面呈后五位。（7×8 拍）1～2拍，动力腿右腿向后小踢腿，快速向上抬起，右脚离地，抬至 25 度，注意外开，头前倾，收下额，看斜后方；3 拍，动力腿右腿落下，右脚脚尖点地，然后右腿快速向上抬起，右脚离地，抬至 25 度；4～6 拍，重复第 3 拍动作；7～8 拍，动力脚收回左脚后面呈后五位，同时头转向前方。

（8×8 拍）1～2 拍，动力腿右腿由后五位向旁小踢腿，快速向上抬起，右脚离地，抬至 25 度，注意外开，头不动，看正前方；3 拍，动力腿右腿落下，右脚脚尖点地，然后右腿快速向上抬起，右脚离地，抬至 25 度；4～6 拍，重复第 3 拍动作；7～8 拍，动力脚收回左脚前面呈前五位。

（结束拍）1～4 拍，右手七位手提手腕，呼吸；5～8 拍，右手七位手收回一位结束。

四、古典舞身韵训练

中国古典舞（Chinese classical dance）起源于中国古代，历史悠久，博大精深，它融合了许多武术、戏曲中的动作和造型，特别注重眼睛在表演中的作用，强调呼吸的配合，富有韵律感和造型感，以及独有的东方式的刚柔并济的美感，令人陶醉的中国古典舞主要包括身韵、身法和技巧。身韵是中国古典舞的内涵，产生于20世纪80年代初的身韵训练，经过三十多年的实践，已逐渐为中外舞蹈界和学术界所认识。

“身韵”当中的“身”指身法，指中国古典舞的外部表现技法；“韵”即韵律，指中国古典舞的内在气韵。身韵训练法是训练身法与陶冶神韵的方法。身韵要求表演者的动作必须遵循“三圆”（平圆、立圆、八字圆）动作轨迹和“动、静、点、线”互含的审美原则，这一点集中体现了古典舞民族性的“形”“神”统一的艺术特征。

以训练学生的气息、韵律和肢体表现为目的，对培养学生的节奏感、协调性、灵活性、柔韧性、优美感和动作的表现力有积极的作用。

（一）元素训练

以腰为轴的动律元素是身韵动作的基本技法。中国古典舞身韵元素训练讲的是“起于心，发于腰，形于体”，即由心意带动呼吸，由呼吸去支配腰部，通过腰部和中轴运动而带动躯干的整体运动，它是贯穿中国古典舞身韵最基本的要求。

中国古典舞身韵元素训练部分包括提、沉、冲、靠等基本元素训练，要求的训练姿态为盘坐。盘坐的基本形态为臀部着地，双脚盘于身前，开胯，后背自然直立，肩部和胸部放松，手腕搭在膝盖上，双肘放松，肘尖下垂。

（二）训练指南

提：在自然盘坐的身体全部放松垂下的基础上深呼吸，感觉气息从尾椎骨沿脊柱到胸椎，再到颈椎一节一节慢慢直立，头、眼也随着气息带动提起，感觉头顶往上延伸，眼神从虚最后到实停止。

沉：在坐的姿态上呼气使气息下沉，呼气从腹部开始，经胃、胸、颈、头一节一节弯曲至气息完全吐尽，头逐渐松弛下来，眼睛随着沉放松。

冲：在提的过程中，由腰椎推动肋骨、胸大肌、肩胛骨和腮骨向2点或 8 点方向冲出。

靠：在沉的过程中，用后侧背带动上身向 4 点或 6 点方向靠，感觉佝胸前肋往里收，后背肌拉长，头、颈部略向下梗，目视 2 点或 8 点。

（三）古典舞实操组合训练

这里我们提供一组“提沉冲靠组合”训练，具体如下。准备姿态：面对 1 点，右脚在上的盘坐位准备，双手扶膝，双肩下沉，目视 1 点。

(预备拍) 5 ~6 拍，保持准备姿态不动；7 ~8 拍，“沉”。(1 ×8 拍) 1 ~4 拍，“提”；5 ~8 拍，“沉”。(2 ×8 拍) 1 ~2 拍，“提”；3 ~4 拍，“沉”；5 拍，快“提”；6 ~7 拍，保持不动；8 拍，直立状态微微吸气，为下一步的“沉”做准备。(3 ×8 拍) 1 ~4 拍，“沉”；5 ~8 拍，“提”。

(4 ×8 拍) 1 ~2 拍，“沉”；3 ~4 拍，“提”；5 拍，小幅度的“沉，提”；6 拍，保持直立不动；7 ~8 拍，“沉”。

(5 ×8 拍) 1 ~2 拍，“提”；3 ~4 拍，向 2 点方向“冲”（身体前倾，将腮顶向 2 点，目视 2 点，后背拔直）；5 ~6 拍，保持“冲”的姿态不动；7 拍，还原为“提”的状态；8 拍，“沉”。

(6 ×8 拍) 1 ~2 拍，“提”；3 ~4 拍，向 6 点方向“靠”（身体佝胸前肋往里收，将腮顶向 6 点，目视 8 点,)；5 ~6 拍，保持“靠”的姿态不动；7 拍，还原为“提”的状态；8 拍，“沉”。

(7 ×8 拍) 1 ~2 拍，“提”；3 ~4 拍，向 8 点方向“冲”（身体前倾，将腮顶向 8 点，目视 8 点，后背拔直)；5 ~6 拍，保持“冲”的姿态不动；7 拍，还原为“提”的状态；8 拍，“沉”。

(8 ×8 拍) 1 ~2 拍，“提”；3 ~4 拍，向 4 点方向“靠”（身体佝胸前肋往里收，将腮顶向 4 点，目视 2 点,)；5 ~6 拍，保持“靠”的姿态不动；7 拍，还原为“提”的状态；8 拍，“沉”。(结束拍) 5 ~8 拍，身体慢慢“提”，目视 1 点。

古典舞身韵的中间训练主要介绍古典舞的手形、手位以及手臂的基本动作与姿态。手形姿态要注意欲摊先按、欲推先端、欲按先提等；指势要注意欲指先活腕、指引身心随等；臂动要注意晃手身移、欲左先右等。

1. 手型

(1) 掌：兰花掌（女掌）：五指挺直，虎口收紧，拇指向中指靠拢；虎口掌（男掌）：五指挺直，虎口张开，拇指根向掌心用力。

(2) 拳：虚拳（女拳）：五指向掌心弯曲，握成空心拳，拇指内屈相接于食指和中指之间；实拳（男拳）：五指向掌心弯曲，握成实心拳，拇指内屈紧贴中指。

2. 手位

（1）山膀位：手臂成最大的弧状，平抬于体侧与肩膀平行。小臂呈下滑弧线，掌心对外扣腕手指向前上方，着力点在兰花指中指关节。沉肩、松肘、手臂肩关节到指尖往远伸。

（2）按掌位：手臂呈下滑弧状，在胃前压腕，兰花指掌心朝外，手与胸保持25 厘米左右的距离。

（3）托掌位手臂成最大的弧状托于头的斜上方，掌心向上，沉肩、肘尖打开向旁。

（4）扬掌位手臂举至头侧斜上方，手心朝上，整个手臂在斜上方45 度。

（5）提襟位手臂成弧形，握拳提于跨旁，虎口对向胯骨，手腕微扣，掌心对下。

3. 手臂基本动作

（1）撩掌：手腕带动手臂，由下向上撩起。

（2）切掌：掌心向内，手臂由头上方向下方切，手型似刀状。

（3）推掌：掌心向外，由体前向旁或其他方向推。

（4）端掌：掌心向上，手臂由下方端掌至胸前。

（5）双晃手：双臂与肩同宽，以腕为轴，腕主动，由旁下向上划弧线，手指向下，掌心向里；向下划弧线，指尖向上，掌心向外；路线要圆、连贯。幅度有大小之分。

（6）小五花：以右手为例，先双手在胸前手背相对，手腕相靠，以腕为轴，然后右手在上向内环绕，左手在下向外环绕，成掌心相对在胸前，继续转动，至左手在上。连续动作时，要连贯、圆滑、灵巧。

4. 手臂基本姿态

（1）单山膀：身体对 2 点，左丁字步，双手背手准备。动作时，右手沿体侧上撩于体侧与肩膀平行，手臂成长弧状，小臂内旋，掌心向外，手臂到指尖向远延伸；目视 1 点。

（2）双山膀：要求同“单山膀”，双手先后进行。

（3）双托掌：身体对着 2 点，左丁字位，双手背手准备。动作时，双手从体侧上撩，经头上交叉盖手继续侧上撩至双托位，目视 1 点。

（4）顺风旗：以右手为例，身体对 2 点，左丁字位，双手背手准备。

动作时，双手撩掌至右手托掌位，左手在山膀位，目视 8 点。

（5）斜托掌：以右手为例，身体对 8 点，左丁字位，双手背手准备。动作时，双手经分掌至右手扬掌位，左手山膀位掌心向上，目视 8 点。

（6）山膀按掌：以右手为例，身体对 2 点，左丁字位，双手背手准备。动作时，右、左手交替由外向里晃手至右山膀左按掌，目视 1 点。

（四）古典舞基本手势训练

准备姿态：左丁字位 1 点站好，身体对 2 点，头转向 8 点，双手背手准备，目视 8 点。

（预备拍）5 ~7 拍，保持准备姿态不动；8 拍，吐气，头转向 2 点斜下方，眼睛看右手起手方向。

（1 ×8 拍）1 ~4 拍，右手撩掌至斜上方 45 度，手心朝下，眼随手动，同时吸气；5 拍，右手手腕翻转方向，弹指亮相，头也从 2 点转到 8 点；6 ~7 拍，保持不动；8 拍，呼吸，提腕同时翻转手腕，头从 8 点转回 2 点。

（2 ×8 拍）1 ~2 拍，右手掌心朝下顺着体侧压腕至胯旁，眼随手动；3 ~4 拍，右手体前撩掌至胸前按掌位，同时吸气；5 拍，右手弹指亮相，弹指瞬间眼睛要从手的位置快速转向 8 点；6 ~7 拍，保持不动；8 拍，吸气提腕，头由 8 点转向 2 点。

（3 ×8 拍）1 ~4 拍，右手翻掌，由手腕带动手臂撩掌，由下向上撩起至托掌位的高度；5 拍，压腕至托掌位亮相，目视 8 点；6 ~7 拍，保持不动；8 拍，吸气提腕并翻转手腕至手心朝着内侧（为下一拍切掌做准备），头由 8 点转向 2。

（4 ×8 拍）1 ~2 拍，右手掌心向内切掌，由头上切到胸前位置，眼随手动；3 拍，翻转手腕至手心朝外推掌至 3 点，眼随手动；4 拍，右手往前面提腕，吸气；5 ~8 拍，往后压腕亮相至单山膀位，同时头由 3 点慢慢转向 8 点亮相。

（5 ×8 拍）1 ~2 拍，左手快速由体后经旁撩掌至托掌位的高度这时手心朝外，右手保持单山膀不动；3 ~4 拍，左手翻转手腕切掌至胸前，眼随手动；5 拍，左手推掌至 7 点山膀位置，眼随着左手动；6 拍，双手提腕，头快速转向 2 点；7 ~8 拍，双手同时压腕至双山膀位，头由 2 点转向 8 点，亮相。

（6 ×8 拍）1 ~2 拍，左手保持山膀位不动，右手由山膀位提腕撩掌至托掌位的高度，手背朝内，头由 8 点转向 2 点；3 ~4 拍，右手在胸前划立圆再回至托掌位的高度位置，眼随手动；5 拍，右手压腕，头由 2 点转向 8 点亮相，和左手形成顺风旗位；6 ~8 拍，保持顺风旗位不动。

（7×8拍）1～2拍，右手经上弧线到达3点山膀位，同时左手走下弧线端掌至胸前，头由8点转向2点；3～4拍，右手不动，左手翻转手腕至按掌位，和右手形成山膀按掌位，头由8点转向2点，向8点方向“冲”，身体微微前倾，目视8点，后背拔直；5～8拍，两手右手在上，左手在下，在胸前完成一个小五花至右手在下，左手在上，身体跟着手微微转动，眼随手动。

（8×8拍）1～2拍，右手提腕由下往4点上撩手至斜托掌高度，左手压腕往8点下方推掌；3～4拍，身体向4点方向靠（这时注意身体挺直），双手腕同时翻腕形成斜托掌位，头由2点转向8点亮相；5拍，身体由4点还原直立，双手同时翻转手腕至托掌位，头由8点转向2点；6～7拍，双手在胸前交叉划立圆再回到双托掌位置，头由2点中的位置到2点下再回到2点中的位置；8拍，弹指亮相，头由2点转向8点。

（结束拍）5～6拍，提气，双手提腕，翻转手腕胸前交叉划半圆至胯的两旁，头从8点转向2点，然后低头看2点下方；7拍，提襟位置双手提腕，头由2点下方转向3点；8拍，双手压腕提襟位亮相，头由3点转向8点。

（五）古典舞下肢练习

坐姿、勾绷脚、双吸腿、地面躺身抱腿、横叉特点：加大学生的动作幅度及难度，使舞蹈姿态和动态更加舒展、优美。

目的：通过下肢前韧带、胯、脚背的伸拉练习，解决学生下肢的柔韧性：在正确坐姿基础上的勾绷脚练习，解决学生下肢肌肉的控制力与延伸感。

方法：坐姿——上身直立，头与尾椎往两端延伸，肩部自然垂下，双臂伸直；指尖点地；下肢大腿内侧夹紧，膝盖收紧，小腿上提，绷脚，脚尖往下，向远延伸，与胯根部形成两个相反的方向拉伸。

勾绷脚——绷脚准备：脚尖带动向上勾到最大限度，继续带动脚踝上勾，脚跟向最远处蹬出去；膝盖收紧；脚背向远、向下推，脚尖继续向前绷，向远延伸到极限（可双脚同时练习、可双脚交替练习、也可单脚练习）。双吸腿——躺地，双腿同时上吸，吸腿时绷紧，膝盖夹住。

地面躺身抱腿——全身躺地，双手尽量将一腿往上抱，另一腿绷紧往远延伸（根据学生情况伸拉前腿韧带，也可抱腿做勾绷脚）。

（六）上肢练习

拉肩、推胸腰、推胸腰翘腿、地面挑腰特点：加强学生上肢柔韧性，使舞姿动态更加灵活、舒展。目的：通过颈部、肩部、胸腰、中腰、下腰的练习，解决学生舞蹈表现中上肢的柔韧性与动作幅度。

方法：拉肩——单腿跪立，十指交叉，掌心向外，两臂向头的后部伸拉。

推胸腰——身体直卧，双手放于胸腰两侧，双腿夹紧，手推起胸腰从头顶、颈椎、胸腰、中腰到下腰依次逐渐推起，头尽量向下。

推胸腰翘腿——在推胸腰的基础上双腿翘起，头与脚尖尽量往里找。

地面挑腰——身体平躺。两臂平放，胸腰、颈椎、头顶逐渐从地面挑起。

将古典舞上肢姿态、身韵与下肢各种练习相结合，在“呼吸”的运用中形成正确体态、形态，有效掌握腿、脚、躯干、上肢等的控制力、柔韧性及爆发力，为进一步的肢体语言表达打下基础。

（七）脚位练习

特点：脚位是古典舞舞姿的一部分，规范的脚形能有效传达中国古典舞独特的风格性。

目的：使学生能较清楚、规范的掌握各种脚位，为进一步的古典舞训练打好基础。

方法：正步位——两脚并紧，脚尖对正前方，双腿膝盖伸直、夹紧。

一位脚——脚跟相对、脚尖外开成水平线，五个脚趾贴地。

二位脚——与一位脚要求相同，两脚后跟之间相隔一个脚距离。

五位脚——前脚脚跟与后脚脚趾尖平行，两脚呈等号形状，完全紧贴，脚尖分别向外。

小八字步——脚跟相对，脚尖分开 45 度左右。

丁字步——右脚跟靠在左脚脚弓处，右脚尖对 2 点，左脚尖对 8 点。

大八字步——小八字的位置上，两脚脚尖之间分开一横脚的距离。

踏步——小八字步对 2 点准备，右脚向 6 点伸出，脚掌点地。踏步分为脚掌踏步与脚尖踏步两种。

弓箭步——丁字步对 1 点，右脚向 3 点伸出，保持半蹲，左腿伸直。

大掖步——踏步对 2 点准备，右腿向 6 点伸出，前腿蹲，身体向旁倾斜 45 度。

（八）擦地练习

旁擦地、前擦地、后擦地特点：擦地练习是古典舞把杆训练部分的基础动作。

目的：通过各方位的擦地，训练小腿与脚背能力，拉长腿部线条（旁、前、后擦地由双手扶把至单手扶把；脚下由一位至五位逐渐加深难度练习）。

方法：准备——双手扶把，脚站一位。旁擦地——脚尖带动向旁擦出，经过脚掌擦地往远绷脚形成旁点地。收回时脚跟带动，经过脚掌擦地，收回一位。前擦地——脚尖带动向前擦出，脚跟与脚尖尽量保持一条平行线，经过脚掌擦地往远绷脚形成前点地。收回时脚尖带动，脚跟尽量留住，经过脚掌擦地，收回一位。后擦地——脚尖带动向后擦出，脚跟与脚尖尽量保持一条平行线，经过脚掌擦地往远绷脚形成后点地。收回时脚跟与脚尖平行，经过脚掌擦地，脚尖收回原位。

（九）下肢屈伸练习

半蹲、深蹲特点：将古典舞身韵中呼吸的“提沉”与下肢的屈伸练习融为一体。

目的：用呼吸带动下肢屈伸，训练大腿肌肉的控制力，拉长跟腱及小腿肌肉。（由双手扶把至单手扶把由易到难，脚下可做一位、二位半蹲与深蹲）方法：准备——双手扶把，脚站一位。

半蹲——膝盖对脚尖、尾椎对脚跟，上身保持直立，脚后跟踩住地的基础上蹲到最大。

限度，拉长跟腱；起的时候，脚用力推地板，腿部肌肉向上拉直至双腿内侧肌夹紧。

深蹲——在半蹲的基础上动作幅度加深，一位深蹲时脚跟被迫抬起。

（十）上下肢配合练习

前后波浪腰、旁波浪腰、伸吸腿与胸腰、捱撇脚特点：在具有典型的古典舞舞姿动律中训练学生上下肢配合力。

目的：通过把杆上由易到难的波浪腰、伸吸腿与挑胸腰、捱撇脚，训练学生肢体的协调性和控制力。

方法：准备——单手扶把，山膀手位，脚站小八字位前后；波浪腰——正步准备，全蹲，从膝盖到胯部、腹部、胸腰逐渐挑起，最后形成半。

脚尖顶胸腰的姿态，在此基础上加上手臂的配合。准备——单手扶把，山膀手位，脚站小八字位。

旁波浪腰——正步准备，单手扶把，由胯部带动身体向一侧移重心，拉到最大限度后全蹲，经下弧线，胯部向另一侧带动移重心，拉反面旁腰，经上弧线回到直立状态。准备——双手扶把，脚站一位。

伸吸腿与胸腰——主力腿蹲、动力腿前擦地时含胸，主力腿伸直，动力腿旁吸腿，身体直立，动力腿从膝盖直接到后点地形成大掖步，尽量挑胸腰。准备——双手扶把，脚站一位。

捱撇脚——主力腿蹲，动力腿左腿由小拇指沿着地面向 3 点滑出；上身沉气向 3 点含胸；左腿勾脚向外打开经过前到旁，上身直立。

（十一）腿部爆发力练习

压半角尖、小踢腿，特点：腿部爆发力的训练是古典舞训练的重要内容，它是古典舞的舞姿跳跃中体现下肢规范性的必要前提。

目的：通过脚背、小腿的力量练习，训练学生腿部的速度、力度、灵活性及脚尖的控制力，为跳跃动作打好基础（可从双手扶把至单手扶把由易到难的练习）。方法：准备——双手扶把，脚站一位。

压半脚尖——双脚脚跟同时推地起、落，慢起慢落或快起快落。

准备——单手扶把，山膀手位，脚站一位。

前、旁、后小踢腿——动力腿经过前擦地，快速往最远点踢出 25 度，将力量延伸到脚尖。收回时，脚尖从最远处点地，擦地收回（前、旁、后相同）。

（十二）腿部延长性练习

前、旁、后，特点：在训练腿部控制力的前提下解决腿部延长性，使学生在展现古典舞舞姿形态与跳跃技巧时做到“用力在根，发力在稍”。

目的：通过主力腿与动力腿的同时屈伸，训练下肢的协调性与韧性以及腿部从脚腕、膝盖到腿部肌肉的柔韧性和控制力，为中间部分的舞姿控制力做好准备（动力腿可从点地、45 度到 75 度逐渐升高、加强难度）。方法：准备——单手扶把，山膀手位，脚站一位。

前单腿蹲——主力腿半蹲，动力腿弯曲推脚背，并将脚尖放在主力腿的内侧脚踝上，主力腿伸直的同时动力腿脚尖往前点地或抬起；动力腿在胯根保持不动的情况下脚尖尽量往远延伸。旁单腿蹲——与前单腿蹲要求一样。

后单腿蹲——与前单腿蹲要求一样，但在双腿蹲时动力脚的脚踝与主力脚外脚踝向靠。

（十三）腰部延长性练习

前腰、旁腰、胸腰、后腰，特点：躯干延长与柔韧性的练习是加大腰部运动幅度的必要准备，中国古典舞舞姿造型的主要特征之一在于丰富的腰部运动。

目的：通过腰部各方向、各部位的延长与弯曲的练习，训练学生腰部的柔韧性。方法：准备——单手扶把，山膀手位，站一位脚。

前腰——山膀，躯干在保持直的前提下前倾，单手抱腿。

旁腰——托掌，由手指尖带动头经过上至旁腰往远延伸。

胸腰——托掌，由手带动头往后仰，胸腰上挑。后腰——托掌，动力脚前点地，由手带动头至胸腰、中腰、后腰往后下。

（十四）腿部控制力练习

吸腿、吸腿控制、直腿控制，特点：控制练习是中国古典舞基础训练的重要内容，这一环节训练对腿部肌肉具有一定的素质要求，需通过长期练习得以达到。

目的：在前、旁、后腿的控制练习中，训练学生腿部的爆发力及脚尖的控制力，为今后舞姿动律打好基础（控制练习的动力腿可从90度到120度以上由易到难进行训练）。方法：准备——单手扶把，山膀手位，脚站一位。

吸腿——主力腿伸直，动力腿由膝盖带动、绷脚沿主力腿往上吸至90度，脚尖轻点主力腿膝盖内侧。

吸腿前控制——动力腿吸腿，大腿保持不动，脚尖、脚跟继续往前伸直，收回时脚尖往远点地收一位。

吸腿旁控制——动力腿旁吸腿，大腿保持不动，脚尖、脚跟继续往旁伸直，收回时脚尖往远点地收一位。

吸腿后控制——与前、旁吸腿控制一样，但吸腿时动力腿脚尖顺着主力腿小腿后部吸起，拇指外延轻靠主力腿膝盖窝，再往后伸出。

直腿控制——控制中的舞姿与吸腿一样，过程由动力脚经过擦地继续直线往前、旁、后抬起。

（十五）压腿练习

前腿、旁腿、压后胯、压后腰，特点：在缓慢伸拉运动中训练腿部韧带软开度，是解决下肢大幅度练习的必要前提。

目的：在前、旁、后腿的伸拉练习中．解决学生下肢韧带与腰部的柔韧性。

方法：压前腿——右手扶把，左手托掌，身体往左45度面向把杆，左腿脚腕放在把杆上，绷脚，手指尖带动头顶往远，伸直躯干前倾90度。

压旁腿——左手扶把，右手托掌，身体往右 45 度面向把杆，左腿脚腕放在把杆上，绷脚，手指尖带动头至旁腰，往腿的方向下侧倾 90 度。

压后胯——右手扶把，身体侧对把杆，外侧腿脚腕放在把杆上，主力腿向下蹲，身体保持不动。

压后腰——右手扶把，左手托掌，身体侧对把杆，外侧腿脚腕放在把杆上，双腿伸直，托掌带动身体由头至胸腰、中腰、后腰往后下腰。

（十六）踢腿练习

前腿、旁腿、后腿、倒踢紫金冠，特点：踢腿训练是古典舞训练的重要组成部分，在之前对下肢软开度与控制力的练习后，训练腿部大幅度的爆发力将为今后的舞姿与技巧做好铺垫。

目的：解决动力腿的柔韧性及爆发力，为中间部分具有一定难度的跳跃动作做好准备（可 90 度到 120 度到 180 度逐渐加难）。方法：准备——单手扶把，山膀手位，脚站一位。

前踢腿——主力腿不动，动力腿经过一位向前踢出，动力腿往远点地经过擦地收回。

旁踢腿——主力腿不动，动力腿经过一位向旁踢出，动力腿往远点地经过擦地收回。

后踢腿——主力腿不动，动力腿经过一位向后踢出，动力腿往远点地经过擦地收回。

倒踢紫金冠——左手山膀、动力脚前点地，在后踢腿的基础上左手由山膀经过下、前到托堂，同时敞胸、挑腰、抬头。

五、形体素质训练

身体力量、柔韧性、协调性、耐力和灵活性的训练是形体训练中的基础性练习。

形体素质训练具有高密度、低强度的特点，柔韧、力量和灵敏素质练习中，柔韧素质和力量素质更为重要。

柔韧素质练习是保证形体舒展，只有保持良好的柔韧性，动作协调才有基础。才可能体现出舒展、挺拔、柔和的形体美。

力量素质则能够使人体表现出良好的体力，主要是训练形体的控制力和表现力，如下肢力量和腰背部力量可使人体挺拔；男性发达的三角肌、胸大肌使体型健美，呈现出男性的阳刚之美。

形体基本素质训练主要针对人体的肩、胸、腰、腹、腿等部位进行训练，采用单人练习和双人练习两种形式，为塑造良好形态打下基础，从而提高人体的支撑控制能力和协调性。

1. 力量

力量具有大小和绝对之说。力量的大小取决于以下几方面：支配肌肉收缩的神经中枢的作用程度；完成动作的技术；肌肉的生理横断面；肌肉组织的生化积极性。

绝对力量取决于肌肉最大限度地任意收缩的能力；肌肉迅速收缩时克服外部阻力的能力；人的肌体在做长时间的耐力活动时对抗疲劳的能力。

在形体训练中，培养局部力量如前、侧、后控腿的力量具有特别的重要意义，但必须合理适度，其目的是发展腿部肌肉的速度力量和耐力力量。

在训练中，对肌肉活动的不同形式形成了不同的力量概念，力量是指人体肌肉收缩时表现出来的一种克服阻力的能力。

对形体训练者来说，高负荷和中等负荷训练及极限训练法都不适于形体训练，重复训练法是非常有效的。

动力训练法具体表现是弹跳力，适用于培养速度力量素质。使肌肉收缩的力与速度相结合并在形体训练中表现出来。弹跳力有着非常重要的意义，是一种综合素质，它是表明练习者技术水平与素质的一种指标，这种素质的基础就是在保持动作最大幅度的情况下做各种大跳动作。

静力训练法就是为了有目的地培养人体某块肌肉群，使肌肉经受长达56秒最大的重复性紧张。形体艺术训练中广泛采用各种控制动作和各种平衡姿势的腿部动作。

综上所述培养力量的基本手段有极限训练法、重复训练法、动力训练法和静力训练法。

2. 柔韧性

柔韧性有主动柔韧性和被动柔韧性两种。它是指肌肉、韧带的弹性和关节的活动范围及灵活性。

主动柔韧性是练习者不借助外力，使动作更加舒展、优美、完善，只靠自身的肌肉力量独立完成的关节最大可能的灵活性，柔韧性的好坏在形体训练中起着重要的作用。

被动柔韧性是靠同伴、器材或负重等外力作用所完成的最大幅度的动作，是高质量完成动作的基本保证。

柔韧性一般称为“软度”，要使形体艺术训练的动作更加完善，只有同时发展主动和被动这两种柔韧性，良好的柔韧性才能够增加形体动作的幅度。

关节的灵活性差往往会使动作受到局限或变得僵硬。因此，必须全面发展身体各部位的柔韧性，才能使身体各关节获得适宜的灵活性。否则就无法发挥出动作的优美表现力和塑造力，发展柔韧素质要与放松练习交替进行，在形体训练中提高脊柱的柔韧性（如腰椎、胸椎和颈椎的柔韧性）具有特殊意义。脊柱的柔韧性利于韧带和肌肉的伸展和放松，避免损伤，对掌握波浪、摆动和结环等动作非常重要。

3. 协调性

协调性是身体素质中最不好练习、最不容易提高的一项素质，是指练习者身体各部位在时间和空间上相互配合，是形体训练中必须具备的素质之一。学习的动作越多，神经、肌肉的支配能力就越能得到锻炼和提高。

协调性可通过各种舞蹈组合（如爵士舞组合、现代舞组合等）及健美操和形体动作组合来提高，并合理有效地完成动作的能力。

这些练习的动作有对称的，也有不对称的。在安排一些动作的组合练习时应选择那些需要上下肢、躯干、头等多部位相互配合的练习，因为这些练习需要全身大小肌肉都参加运动，这样可锻炼大脑支配身体各部位同时参与不同运动的能力。

要提高协调性，许多肌肉变化较多，是日常生活和其他运动项目活动不到的，具有一定复杂性的动作，还应让练习者尽可能多地学习和掌握各种类型的动作。

4. 耐力

耐力有一般耐力和专项耐力之分。形体的一般耐力这项动作往往可使许多肌肉群参与活动，是指持续完成某项动作的能力，会对心血管系统、呼吸系统和中枢神经系统提出更高的要求。能使练习者顺利地完成大负荷的动作。

专项耐力有了这种能力，练习者在完成某种非常剧烈但为时不长的动作的能力时，就能够轻松自如、连贯流畅、动作优美和富于表现力地完成无比精彩、复杂和新颖的表演动作。耐力就是在尽可能长的时间内，坚持完成某种规定动作的能力。

5. 灵活性

身体素质训练的内容较多，灵活性在身体素质训练中占有特殊的位置，它的好坏影响身体形态的控制力和表现力的提高。它与其他身体素质的联系最为广泛，但其中力量、柔韧性、协调性和灵活性是形体基本素质训练中最主要的内容，是一种最综合的素质。

因此，在形体艺术训练中，灵活性有一般灵活性和专项灵活性之分。一般灵活性是指一种能正确协调自身动作与合理完成动作的能力；专项灵活性则是一种能根据项目的特点，合理运用该项运动技术的能力。

每个动作都和增强形体专项素质的能力有着密切的关系，灵活性的基础在于运动技能的灵巧、高度发达的肌肉感，所以练习者更加需要加强基本体质的训练和神经系统的可塑性。

练习者对自己所做动作的领悟能力越高、越正确，越利于良好身体形态的形成，就越能更好地掌握新动作的要领，从而达到形体训练的目的。

六、形体综合训练

形体综合训练可提高练习者的有氧代谢能力，主要是以有节奏的形体动作作为主要练习手段，丰富其想象力和创造力，促进其身体全面均衡的发展。

形体综合训练一般采用基本舞步、舞蹈组合、韵律操、健美操、体育舞蹈等多种项目进行练习。提高练习者对美的感受和欣赏能力，提高节奏感、增强练习者的兴趣，音乐表现力、形态表达能力，陶冶情操，培养高雅的气质和风度，保持健美体形，促进优美体态的形成。

第三节　形体训练的目标及要求

一、形体训练的目标

为实现形体训练的目标应从塑造健美形体，提高审美能力，促进身心协调发展几个方面努力。

（一）全面的形体锻炼

形体训练主要是培养人的形体美，意味着无休止的追求与创造，即内在美的形象展现。美分为内在美和外在美。内在美是指人的心灵美，即完美的精神世界，人的身体健康意味着生命的活力，意味着生机勃勃。外在美则是指人的容貌、行为举止、形体、服饰、发型等的美。人的美应是这两方面的和谐统一。

15～20 岁的青少年正处于身体发育的最佳时期。因此，在形体训练中，应根据自己生长发育日趋成熟和身心的发展的特点，有目的的促进全身的骨骼、肌肉得到良好发育，有意识的使身体各部位匀称、丰满，有计划地改善形体自然状态的不足，也就是说选择练习内容和练习手段。

同时，应根据性别特征与专业特点，提高生理机能水平，在进行姿态训练的同时，有针对性地发展相关的身体素质，使其具有优雅得体的气质，只有这样，才能适应当今和未来社会的需要。

（二）形体训练的基础

通过学习，应明确形体训练的作用、意义和基本要求，也是发展练习者智能的基础。形体训练的基本手段是身体练习，形体训练的基础知识、基本技术与技能是科学地进行训练的向导，即按照美化形体、发展体能的要求而采用的各种动作练习。

形成自觉锻炼的习惯和独立锻炼的能力，掌握科学的形体训练方法，就显得格外重要。

练习者只有在反复的身体练习过程中才能掌握完成动作的正确方法和技术，掌握形体训练的基本原则与方法，提高美学素养。

因此，在全面锻炼形体的同时，在经常练习的基础上形成动作技能，加强“三基”学习，获得好的训练效果。

（三）发展良好个性

形体训练的内容丰富，是有目的、有组织的教育过程，它本身就具有培养学生审美趣味、审美能力、审美感受的作用。

形体训练是在音乐伴奏下进行的，形式新颖多样，它不仅影响人的外在形象，还影响人的品格和气质。形体训练其核心都是展示美、塑造美。

培根说：“美是令人倾慕的，但创造美的劳动却是艰辛的，甚至是残酷的。”

学生在优美的旋律中通过自己的身体活动来感受美，日积月累，量的变化引起质变，美好形体的获得是长期艰苦锻炼的结果，使人在不知不觉中受到潜移默化的影响。此外，形体训练的过程也就是培养毅力、磨炼意志、陶冶性情、美化心灵的过程。这无疑是情感的愉悦和最好的审美享受。

凡是在训练过程中能够战胜自己、坚持不懈地进行美的追求和勇于实践的人，使身体的美与心灵的美和谐一致，实现内在美和外在美的统一。能获得健美的形体，一定能够培养出常人所不及的坚强品格和刻苦精神。

在形体训练中，各途径之间是互相联系保证各条途径的顺利畅通，形体训练是互相促进保证目标的最后实现的统一整体。

二、形体训练的要求

（一）保证休息和合理的膳食营养

休息是消除疲劳，使身心得到放松调整，迅速恢复精力的重要措施，营养是保证身体正常能量供应的主要来源，是人类赖以生存的基本条件。

休息的方式有睡眠、听音乐、看电影、看电视等进行适度的娱乐性活动。多方面的实验证明，睡眠对于精力的恢复比饮食还重要。因此，应给自己制定一个兼顾学习、锻炼、休息的合理作息的时间表。因为运动时所消耗的精力和被破坏的局部组织，可以在睡眠中得到补偿和修复，神经系统和内脏器官也可以得到调整。

青少年生长发育速度快，训练后，及时摄取和补充适时的、必要的营养物质，合理地选择食物，才能保证人体健康和正常的活动能力。营养状况的好坏直接影响着人体的健康。

在进行形体训练之后更需要科学、平衡的膳食，切忌偏食、厌食，全面摄取人体必需的营养素——蛋白质、脂肪、糖、维生素、矿物质和水等物质。保证正常身体发育和训练所需营养物质的量和质，为形体训练提供物质保证。

（二）掌握科学合理的学习方法

“学练法”指在一定的学习环境中，为了实现形体训练的教学目标，在教师的指导下，采用科学的“教”的方法，按照一定的计划，练习者也要采用相应的“学”的方法，即独立地进行自学和自练的方法。在实践中得以证明的常用的科学的学习方法有以下几种。

1. 模仿法

独立进行模仿要领，采用阅读书刊及动作图解或者观察别人（教师、学生等）演示的动作模式，从而感知、体会和理解动作方法，充分运用视、听和肌肉的本体感觉。

2. 比较法

进行对照、比较，确定正误动作。通过练习，自我矫正，自我观察（照镜子）和相互观察，并不断改进和提高动作质量。

3. 重复练习法

重复进行某个练习的方法，按照教师布置的动作及各种要求进行练习。

4. 变换练习法

速率、动作幅度、动作方向、动作速度或组合方式，结合自身特点和实际情况，反复进行练习的方法，这是改变练习要素。

5. 念动法

熟练和加深动作印象的记忆方法。学生有意识地念动练习，系统地在脑海中重复再现已形成的动作表象。

6. 简图强化法

加速学习动作的过程，让学生把所学动作的名称、动作做法，在画简图的过程中，逐步用简图表示出来，这样可强化记忆。

布置课后作业，形成较牢固的动力定型，学生对动作的名称、顺序、要领、连接等多次在脑海中重复、再现、模仿、分析。

同时，提高教学质量，改进动作技能，提高动作协调性和运动感觉能力，能节省体力消耗，熟悉成套动作。

7. 手势提示法

手势是身体语言的一种，其特点是直观、简单、明了，它是在健美操教学中，有利于学生连贯完成动作。

教师运用各种手势指导学生完成练习的方法，通过手势引导，保证学生能将整套操连贯，手势提示方法主要运用于成套操的复习及巩固阶段，提示学生按顺序、方向、要点完成动作，并完整地完成整套连贯动作。

8. 只示范，不讲解

提出要求即可，如果学生有一定基础，动作又比较简单，可只示范，不必讲解。

9. 只讲解、不示范或先讲解、后示范

加深对动作的理解，如果为了培养学生的独立思考能力，亦可只讲解、不示范或先讲解后示范。

10. 先示范、后讲解

首先让学生能建立起正确的动作表象。如果动作比较复杂，应先做动作，最后再讲解。

11. 一边慢动作，一边讲解

学习比较复杂或较困难的动作，可采用边慢示范、边讲要求。如果是对初学者，可以让学生跟着模仿做的方法。

12. 乐曲激情法

教师在教学前，先激发学生的学习热情。在教学开始时，同时讲解音乐，使学生能理解音乐的特点，教师选择优美、动听的乐曲让学生们听，引导学生去欣赏音乐，了解音乐的风格，掌握音乐的节奏速度和节拍。

先在音乐的伴奏下，用优美大方、充满活力的动作把教学的内容或套路完整地示范给学生，给学生以美的享受。

13. 自编、自创法

自编、自创组合或成套练习动作。掌握单个基本动作的基础。

三、形体训练的基本要求

（一）做好准备

训练时要穿有弹性的紧身服装或宽松的休闲服，并保持整洁。准备活动一般 10 ~ 15 分钟为宜。要安排轻松自如、由弱到强的适度练习。

训练前必须穿体操鞋、舞蹈鞋或健身鞋，做好准备活动，唤醒神经、肌肉与韧带。

（二）合理安排

一般来说每周至少练习两次，合理的锻炼时间是每次 1 ~ 1.5 小时。音乐选配得合适与否直接影响形体训练的效果。形体训练要遵循人体发展和适应环境的基本规律，参加形体训练还要有恰当的生理和心理负荷。

根据练习者身体的实际情况来确定训练方法，运动时达到最大心率的70% ~80%效果最好，不能急于求成。在做器械练习时，更不能虎头蛇尾，要有专人指导和帮助，且易于被人们理解和接受。训练中和训练后要注意补充适当的水。有计划、有步骤地循序渐进，要持之以恒，要注意训练的安全，逐步提高，训练结束后要作调整，同时要注意糖、脂肪、蛋白质、维生素、矿物质等饮食营养的合理搭配，较完整地掌握形体训练的有关知识和方法。

形体训练的音乐都要富于动感，旋律优美，符合形体动作特点，格调高雅。

（三）全面锻炼

全面锻炼要求在训练时做到耐力、协调性、力量与速度、柔韧性等素质相结合，有目的、有意识地加强职业实用性形体训练，负重练习与徒手练习相结合，全身训练与身体某部位的强化训练相结合，大肌肉群和小肌肉群相结合，呼吸与动作节奏相配合，动力性与静力性练习相结合，无氧运动与有氧运动相结合主动性运动部位与被动性运动部位相结合等，在全面锻炼的基础上，效果更佳。

使身体形态、机能等各种身体素质和肌肉群得到协调发展，使全身肌肉群匀称，促进心肺功能的改善以及心理素质等诸方面都得到和谐的发展。

第四节　形体美的评价与标准

一、形体美的内涵

形体，由体格、体型、姿态三个方面构成。是指人的身高、体重、胸围、身体的形态、体态等。

反映骨骼的生长发育状况的是身高；反映骨骼、肌肉、脂肪等重量的综合变化状况的是体重；反映胸廓的大小及胸部肌肉的生长发育状况的是胸围。人体形态变化的三项基本指标是身高、体重和胸围。

身体各部分的比例就是我们平时所说的——体型。胸围、腰围、臀围之间的比例，身高与肩宽的比例，躯干上、下之间的比例等。达·芬奇曾说："美感完全建立在各部分之间神圣的比例上。"骨骼的组成与肌肉的状况是决定体型变化的一个标准。由此可见，体型是否美，主要取决于身体中部分发展的均衡与整体的和谐统一。

脊柱弯曲的程度、四肢、手足以及头等部位是体现人体姿势是否优雅的主要部位。人坐、立、行等各种基本活动的姿势就是我们所说的姿态。

正确、优美的姿势能反映出一个人的精神面貌与气质和影响着人的形体美。可以说姿态是展现人的"内在美"的一个重要窗口。

二、影响形体美的主要因素

形体美是一种综合的整体美。形体美的构成要素：从人体外观判断、从自然美的法则。

如果一个男子肌肉结实、步伐矫健、姿势挺拔、身体匀称，但他举止庸俗、言语粗俗、态度狂傲，你能称他为美男子吗？所以说形体美包含了人体在各种活动中表现出来的姿态美、动作美及人体外表形状、结构的美。人体美必定是自然美与社会美的统一，是社会的存在物，是自然的存在物。

别林斯基说："人的外表的优美和纯洁，应是他内心的优美和纯洁的表现。"德国启蒙时期的思想家莱辛也曾说："美丽的灵魂可以赋予一个并不优美的身躯以美感，正如丑恶的灵魂会在一个漂亮的躯体打下某种特殊的、不由得使之厌恶的烙印一样。"

我们认为，形体美塑造的成功有赖于动机、目标、审美标准。在大力提倡素质教育和进行社会主义物质文明建设与精神文明建设的今天，有赖于严格遵守生活作息制度、良好的生活习惯及合理的膳食结构。强调形体美的内外统一，有赖于训练内容、方法、途径的选择，受内在素质美的影响和制约。因此，形体美更具有时代性和现实意义。

（一）身体和体重

一般说来，身高与体重的比例是否协调对人的形体美起着至关重要的作用。身高在一般情况下较多地依赖于遗传，受后天影响的一般都有体重及受体重制约的腰围、胸围和臀围等。

因此，在遗传因素所允许的范围内，塑造体型美，根据自身的条件，使身体各部分的多余脂肪得以消除。通过控制肌肉和脂肪这两个可变的因素，在遵循人体生长发育的规律的前提下，从而使身体协调、匀称，增长、结实必要的肌肉。

（二）姿态美

在日常生活中，躯干正直的人与腰部松垮的人自由站立时给人的观感就有明显差异。

建立正确姿势的动力定型并矫正不良的、错误的姿势通过严格的形体训练等，都是塑造形体美的关键。

姿态美与体型美关系密切，前者由于良好的姿态可以充分表现体型美，而后者由于腰部塌下、腹部挺出、肌肉松弛，只会给人体型不美的感觉。所以说体型美需要通过优美的姿态来展现。

特别注意脊柱形态的形成，因为脊柱是形成姿态美的关键。因此，应培养正确的坐、立、行的基本姿势。

1. 行姿

要求两臂自然下垂，双肩平而放松，两腿直立并拢，下颏微收，双目平视，立背、立颈、立腰，挺胸收腹，夹臀，最终给人一种挺拔、亭亭玉立的感觉。

2. 坐姿

男子双膝可稍分开，略窄于肩宽。女子两膝并拢，微收下颏，两眼平视前方，要求腰背挺直，肩放松，挺胸，脊柱与臀部成一直线等，最终给人一种端庄优美，温文尔雅的感觉。

3. 走姿

以标准立姿为基础。走时目视前方，重心平稳，头与躯干成一直线，步度基本一致，双臂自然摆动，步位正确等，要求最终给人一种自然稳健，风度翩翩的感觉。

（三）动作美

动作美之中蕴涵着姿态美，英国的弗朗西斯·培根曾说：“状貌之美胜于颜色之美，而适宜并优雅动作之美又胜于状貌之美。”。

坐、立、卧、蹲表现出静态时的姿势，走、跑、跳等就表现出动态时的姿势。姿态有动有静，是形体美的一种表现形式。

动作美无论是静态还是动态，都要在完成动作时协调、准确、轻松、高效益、敏捷，才可显示出动作美。

（四）气质美

气质的形成与人的体质、神经类型、遗传等生理特征有关，在日常生活中，气质是人的高级神经活动类型特点在行为方式上的表现。

气质通常是指人的典型而稳定的个性特点、风格和气度，由此可见，全面提高自己的文化素养、道德修养、美学素养是一件非常重要的事。

气质美，反映在一个人对待现实生活的态度、个性、自我调整能力和言行特征等方面，但最终要受后天的文化教育环境、社会环境、自然环境、家庭条件、自身修养的影响。

气质美可以使体型美、姿态美、动作美达到更高的境界，正所谓一举手、一投足可有天壤之别。它看似无形，拟虚非虚，实则有形。既可能展示出人的端庄、典雅，使人具有永久的魅力。由于气质美是内在美自然真实的流露，也能表现出人的猥琐和俗气。

因此，只要在加强形体训练动作美的同时，也应提高体型美、姿态美才能具有气质美。

聪慧、机智将逐渐成为男女共有的气质美的核心。女性的气质美主要表现细腻、宽容、优雅娴静、温和、柔顺、体贴、纯真、深情、善良等，为阴柔之美。

男性的气质美主要表现顽强、目光远大、粗犷豪放、待人诚恳、胸襟开阔、勇敢沉着、豁达大度、善于自制、当机立断、刚毅、勇于进取，为阳刚气概——壮美。

（五）营养

没有科学合理的营养，美的形体是无法通过训练得到的。由于训练所造成的能量损耗，营养是影响形体美的重要因素。

训练后，不能及时地补充营养，也就无法弥补形体训练的效果也就无从谈起。

只有保证科学合理的营养补充，才能保证人的正常生长发育，才有可能获得美的形体。

三、形体美的基本要求

对形体美的基本要求主要决定于美的基本法则，有：脊柱正直，生长发育良好，以骨骼为支架构成的人体各部分比例匀称、适度，双肩对称；肤色红润，五官端正，皮肤细腻并有光泽；肌肉线条清晰、均衡发达、富有弹性；姿态规范、端庄。

在现实生活中，比例失调不能产生美感，身体胖瘦，身体高矮，比例适中则给人以和谐匀称的美感，所以说美与不美关键是看比例是否恰当。“环肥燕瘦”就是典型的例证。

美国艺术家潘诺夫斯基深刻地指出：“美，不在于各种成分，而在于各个部位和谐的比例。”数学家、艺术大师笛卡儿也说：“恰到好处的适中与协调就是美。”

姿态美对烘托体型美起着重要作用，一个人尽管体型很美，但走起路来耸肩弓背、摇头晃脑，站无站相，坐无坐相，病态奄奄，又怎能让人产生美感呢？这就告诉我们，在鉴别与评价形体美时，为了充分表现体型美，练习者必须全面综合地分析，着眼于整体。根据自己的自然条件，在塑造自身的形体美时，要从整体美的角度出发进行形体训练，才能实现美化形体的愿望。

四、形体美的一般评价标准

在人类历史的发展过程中，普列汉诺夫曾说：“绝对的美的标准是不存在的，并且也不可能存在。”

这是因为，形体美的标准是变化的，由于种族差异、地理环境、民族特点、审美习惯的不同，标准也不尽相同。

根据国内外专家、学者对形体美的研究成果，对同时代的人，提出以下相对的评价标准。

（一）形体美的标准

1. 体重标准

标准体重计算公式。

男性标准体重（千克）=［身高（厘米）-100］×0.9

女性标准体重（千克）=［身高（厘米）-105］×0.95

肥胖度在±10%范围内为正确，在11%~20%为过重，超过20.1%则为中度肥胖。

2. 比例

男子以股骨大转子为中心，上下身长相等；女子以肚脐为界，上下身比例为5:8。

3. 身高

男女两臂侧举时的长度等于身高。

4. 宽度

男女两肩的宽度，约等于1/4 身高。

5. 腿长

男女大腿长等于1/4 身高；女子两腿长度加上足长应大于1/2 身高。

6. 胸围

男子胸围约等于1/2 身高加5 厘米；女子胸围不小于1/2 身高。

7. 臀围

男子臀围等于胸围；女子臀围约大于胸围2 ~3 厘米。

8. 大腿围

男子大腿围约小于胸围22 厘米；女子大腿围约小于腰围8 ~10 厘米。

9. 腰围

男子腰围约小于胸围18 厘米；女子腰围不大于1/2 身高。

10. 脚腕围

男子脚腕围约小于小腿围12 厘米；上臂围约等于1/2 大腿围；前臂围约小于上臂围5 厘米；颈围等于小腿围。

（二）生理负荷的自我评价

每位练习者应掌握判断运动负荷是否适度的方法，避免运动负荷过大造成身体不适应，每个人的身体状况各异，在形体训练中，应防止运动负荷太小而达不到训练效果。因而对运动负荷适应能力有所不同，在训练时适当加以调整。

（三）自我感觉

1. 训练后的心情

训练后，感觉良好，渴望继续锻炼。如果精力充沛，心情愉快，说明运动负荷适度。

训练后，精神萎靡，对锻炼失去兴趣。如果浑身无力，情绪不稳定，甚至厌倦，说明运动负荷过大，应注意减小运动量。

2. 训练后的食欲

训练后，如果食欲良好，说明运动负荷适宜；如果食欲减退，则为疲劳过度，如果出现厌食，需减少运动负荷；如果练习前后食欲无变化，可能是运动负荷偏小，需适当增加运动量。

3. 训练后的睡眠

运动负荷适宜，起床后精力充沛，睡得沉稳、入睡快、梦少；运动负荷过度，晨起后仍感困乏，多梦、失眠、屡醒。

4. 其他不良感觉

运动负荷过大会伴有气喘、四肢无力、恶心、头痛、脸色苍白、头晕、上腹部疼痛等症状以及肌肉酸痛等现象。

要想这些不良症状很快消失及时调整运动负荷，适当休息，这些症状及不良感觉将很快消失。

（四）测量脉搏的变化

形体训练中，脉搏能反映运动负荷的大小及身体机能的状况。如果训练后较长时间不能恢复到安静时的脉搏，或经过一阶段的训练，安静时的脉搏频率反而增加，则说明运动负荷过大，机体反应不良。

训练前应测出安静时的脉搏，并记录下来。训练结束后，迅速测出脉搏，再与安静心率对照。应以有氧代谢为主，中等强度为宜。一般情况下。

（1）小强度训练后的脉搏频率为 120 次/分以下。

（2）中强度训练后的脉搏频率为 120 ~ 150 次/分。

（3）大强度训练后的脉搏频率为 150 ~ 180 次/分。

（五）测量呼吸频率的变化

如果锻炼后10分钟内还未恢复到正常呼吸频率（12～18次/分）值，一般说明运动负荷过大。

（六）定期全身测量

每周一次，并记下数据。在相同时间、相同条件下，与训练前测量的数据相对照，进行体重及身体各部围度测量，并运用同一测量方法，以此检查身体变化的情况，进而调整运动负荷或训练方案。

第二章　基本姿态训练

人体的基本姿态包括站姿、坐姿、走姿、蹲姿以及姿态的组合等，当这些基本姿态呈现在人们面前时，会给人不同的感受，如身体形态所显示的端庄、挺拔与高雅，会给人以赏心悦目的美感。古人云："站如松、坐如钟、行如风。"人们在日常工作和生活中的各种姿态正确与否，直接影响人们的工作和生活质量，良好的姿态展现的是个人内在修养和综合素质的完美外部表现。随着人类社会文明程度的不断提高，对人们姿态的要求已不是简单的正确与否，社会文明呼吁人们姿态美的不断发展和提高。本章主要讲授站姿、坐姿、走姿、蹲姿以及组合姿态训练的内容。

第一节　站姿训练

基本上，人类最基本姿势就是站姿，同时站姿也是一种最基本的静态造型动作，是指人的双腿在直立静止状态下所呈现出的姿势。站姿是建立个人形象最重要的前提，它是走姿和坐姿的基础。一个人要想表现出得体雅致的姿态，首先要从规范站姿开始。所谓"站如松"，就是指人的站立姿势要像松树一样直立挺拔，双腿均匀用力。

日常交际中，根据不同的场合，需要呈现不同的站姿。良好的站姿，对人的社会交际、工作、生活等方面起着很好的促进作用。女士站姿应体现优雅秀美，男士站姿应体现俊朗洒脱。

一、站姿的基本要求

在对站姿的要求方面，总体来说，站姿要求正直挺拔、舒展大方、庄重自信，具体要求如下。

（1）头正：两眼平视前方，脖颈挺直，下颌微收，嘴角上扬，表情自然，面带微笑。

（2）肩平：肩部微微放松，稍向后下沉，自然呼吸，两肩平齐、舒展。

（3）臂垂：两臂自然下垂于体侧，虎口向前，手指自然弯曲。

（4）躯挺：后背正直，挺胸收腹，提臀，立腰。

（5）腿并：双腿膝盖夹紧，大腿内侧收紧。

（6）脚稳：站正步，脚跟靠拢，脚尖并拢，身体重心落在两脚中间。

标准站姿如图 2 - 1 - 1 所示。

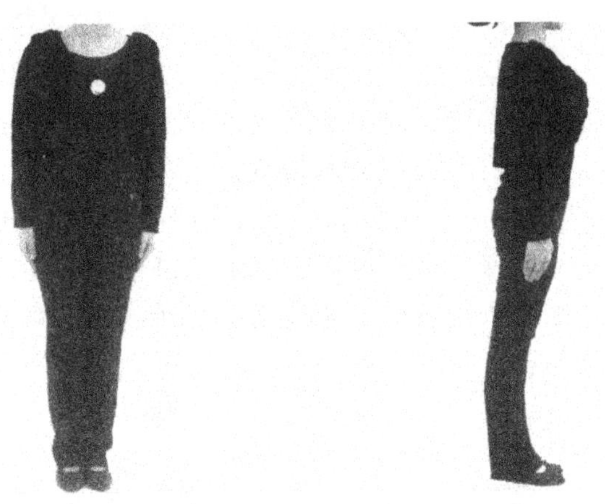

图 2 - 1 - 1　标准站姿的正面和侧面

站姿的要领是一提，二收，三沉。一提，是指髋骨上提，膝盖拉长；二收，是指腹肌收紧，臀部收紧，两处有相夹的感觉；三沉，是指肩部下沉，头部向上延展。

二、常用站姿介绍

根据不同场合、不同礼仪规范的要求，站立姿态也有所不同。以下简单介绍最常用的三种站姿。

（一）体侧垂手式

体侧垂手式站姿的做法是：在基本站姿的基础上，双手垂直于体侧，两眼平视前方，女士双脚并拢向前，如图 2 - 1 - 2 所示。男士可在此基础上，双脚跟分开与肩同宽，脚尖向前。

适用场合：一般用于较为正式或庄重的场合，如升国旗、奏国歌、出席庆典仪式、聆听贵宾讲话、商务谈判后的合影、接受领导和尊者接见等。

图2－1－2　体侧垂手式站姿正面

（二）体前交叉握手式

体前交叉握手式站姿的做法是：在基本站姿的基础上，双手体前相握，右手在前，左手在后，稍向上提，放于小腹前。两脚呈左丁字步（左脚在前，右脚在后）。根据需要可做相反方向的动作，如图2－1－3所示。男士有时也可以采用这种姿态，但两脚要略微分开，脚呈大八字步。

图2－1－3　丁字步正面

适用场合：仪式主持、晚会主持、礼仪迎宾，也可用于前台的站立服务。

（三）体后背手式

体后背手式站姿的做法是：在基本站姿的基础上，双手背在体后，交叉相握，双脚呈小八字步站立。男士可在此基础上，双脚跟分开同肩宽，脚尖略分开。

适用场合：酒店或其他服务行业，保安服务也较多地采用这种站姿。

三、易出现的不良站姿

（一）身体松懈，肌肉紧张状态不够

这种姿势会造成身体直立程度不够，重心歪斜，含胸驼背，肩斜头歪的现象，直接造成人体的直立线条美被破坏，会给人以精神状态不佳、颓废消沉、态度不认真的感觉。

（二）双手摆放位置不佳

双手放置位置应保持规范，给人以优雅或庄重的感觉。切忌出现以下姿势：手臂交叉抱肘、双手或单手叉腰、双手置于裤袋或衣袋中、双手支于某处（如手支下巴）、手握私人用品等。

（三）双腿摆放位置不准确

双腿、双脚的姿势或位置不当，如一腿直一腿弯曲、两腿叉开很大距离、两腿交叉或倚墙靠桌、两脚前后蹬踏等，都是十分不雅的姿态，会给他人造成不尊重的感觉。

四、站姿训练方法

形成正确站姿，不仅要掌握基本理论要求，更要进行科学的训练。练习者从最初的基本状态，到养成正确的站立姿态，需要进行耐心、认真和持之以恒的练习。

（一）对镜练习

在明确站姿要求的基础上面对镜子进行训练，从镜子中观察自己的姿

态是否准确、优美，必要时可请他人进行协助和指导。在找到标准站姿的感觉后，再坚持每次 20 分钟左右的训练，以巩固动作技能，形成习惯性动作姿态。

（二）靠墙站立练习

靠墙站立练习要求五点成一条线，即脚后跟、小腿、臀部、双肩、后脑勺都要紧贴墙壁，如图 2－1－4 所示。每次训练控制在 20～30 分钟，直至延长至 40 分钟。

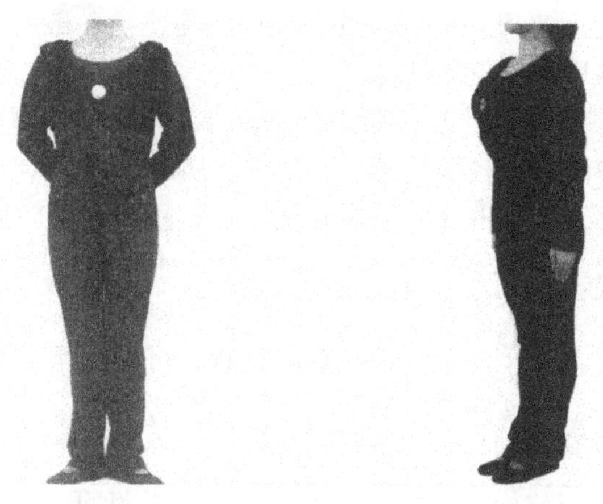

图 2－1－4　靠墙站立的正面和侧面

（三）工具辅助练习

在前两项练习的基础上，加强训练难度，使用工具辅助练习，工具为书籍。要求将一本厚度适中的书放在头顶中心，为使书不掉下来，头、躯须挺直，自然保持平衡。这种训练方法可以纠正低头、仰脸、晃头及左顾右盼等不良习惯。每次训练控制在 20～30 分钟之间。

第二节　坐姿训练

坐姿是一种基本的静态体位，是指人在就座以后身体所保持的一种姿势。正确而优雅的坐姿是一种文明行为，它既能体现一个人的形态美，又能体现其行为美。端庄优美的坐姿会给人以文雅、稳重、大方的美感，给人留下良好的印象。所谓“坐如钟”，就是指坐姿要像钟一样端庄沉稳、镇定安详。

一、坐姿的基本要求

坐姿包括入座、落座和离座三个过程，每个过程又有其相应的基本要求。

（一）入座

入座要求保持轻、稳、缓。入座有如下两种方式。

（1）侧身走近座椅，从座椅的左侧轻轻落座。一般坐在椅面 2/3 的位置，不要坐满或只坐很少一部分。

（2）面向座椅，直接走到座位前，转身后站稳，右脚向后撤半步，用小腿确定座椅的位置，轻稳地坐下，收回左脚与右脚并拢。如果女士着裙装，落座前，应先用手将裙装下摆收拢一下，不可在落座后再整理衣裙。

（二）落座

落座时同站姿一样，上体总体要求正直、舒展，下体依据不同场合的要求形成不同姿态，具体要求如下。

（1）两眼平视前方，嘴唇微闭，微收下颌。

（2）两肩平正放松，立腰、挺胸，上身自然挺直。

（3）双脚并拢，左右大腿大致平行，膝弯曲大致成直角，双脚平放在地面上，手轻放在大腿上，如图 2－2－1 所示。男士可在此基础上，膝盖稍分开一拳的距离，双脚分开。

图 2－2－1　落座正确姿势

（三）离座

离座前，先以语言或动作向周围的人示意或暗示，请他们做好心理上的准备；右脚向后收半步，轻稳站起，站稳后从座椅左侧离座。

二、常用坐姿介绍

根据不同场合、不同礼仪规范的要求，坐姿也有所不同。以下简单介绍一下最常用的几种坐姿。

（一）双腿垂直式

双腿垂直式坐姿的做法是：双膝并拢，小腿垂直于地面，双脚跟和脚尖靠拢，双手放置于膝盖上，如上图 2－2－1 所示。男士双脚稍分开。

适用场合：谈判、谈话、会谈等比较严肃和正式的场合。

（二）双腿前后式

双腿前后式坐姿的做法是：大腿靠拢，膝盖夹紧，两脚前后放在一条线上，右脚在前，左脚在后，双手交叉相握；放置于腿上，如图 2－2－2 所示。

图 2－2－2　双腿前后式

适用场合：在比较轻松、随便的非正式场合，如谈话、倾听他人教导等。

（三）双腿转体式

双腿转体式坐姿的做法是：双脚并拢放在右侧，上身和双腿同时向左转45°，双手交叉相握，放置于腿上，眼看一点，如图2－2－3所示。适用场合：在特定的礼仪场合和与旁边的人交谈时，可采用此坐姿。

（四）双腿交叉式

双腿交叉式坐姿的做法是：双腿双膝并拢，双脚在脚踝部交叉。此坐姿双腿不能向前方直伸，双手交叉相握，放置于腿上，眼看一点，如图2－2－4所示。

适用场合：适用于各种场合。

图2－2－3　双腿转体式

图2－2－4　双腿交叉式

（五）双腿重叠式

双腿重叠式坐姿的做法是：双腿上下叠放在一起，两腿之间要夹紧、没有缝隙，叠放在上面的脚尖朝向地面，如图2－2－5所示。

适用场合：适用于娱乐主持人或穿裙装的女性，也可在比较随意的场合或比较熟悉的朋友面前运用。

图 2－2－5　双腿重叠式

三、易出现的不良坐姿

（一）动作幅度过大、过急

在入座过程中，节奏太快，动作不轻稳，易给人造成做事潦草、忙乱的不良印象；离座时出现急、快的情况，易挂倒座椅、发出响声等，也会影响个人形象。

（二）坐姿不端正

上身放松，半坐半躺在座椅上，或者完全瘫坐在椅子上；上身在坐立的过程中不停地晃动、左右歪斜、前仰后合等。以上坐姿均是素质低、没修养的表现。

（三）手臂位置不恰当

双臂应根据脚位摆放在适合的位置上，以表现优雅的姿态。以下是不恰当的手臂位置：手夹在两腿之间、双手抱在腿上、手插在衣袋中、手摆弄物件等。

（四）双腿姿态不规范

两腿叉开很大距离，两脚并拢，而两膝距离较大，两腿向前伸度太大，两腿不停抖动，双腿交叉时没有收紧，两膝之间有距离，双腿重叠式，一条腿跷起（俗称二郎腿）。在日常工作和生活中应尽量避免以上不规范的坐姿。

（五）脚位不雅观

双脚没有平放在地面上，脚尖翘起；以脚蹬踏别的物体。这种姿态会给人造成轻浮、粗俗的印象。

四、坐姿训练方法

坐姿的常用方式较多，在基本坐姿训练的基础上，可以利用具体情境进行训练，同时加强入座和离座的训练，使整体就座过程连续、流畅，更富感染力。

（一）重视基本坐姿训练

在明确坐姿的基本要求和进行站姿训练的基础上，进行坐姿训练。在训练过程中，可以采用对镜规范训练、工具辅助训练（如头顶书籍）等方式。初级练习，每次的训练时间应保持在 20 ~ 30 分钟。以后可随技能的掌握水平，逐渐减少连续练习的时间。

（二）运用具体情境练习

为提高学习者的兴趣，调动其学习积极性，可模拟具体情境进行训练，如招聘会、见面会、校友会等，把坐姿与情境相结合，由学习者自行设计并保持姿态，达到强化的目的。每次训练控制在 10 ~ 15 分钟，可分多次进行。

（三）加强入座和离座训练

在坐姿训练时，往往较重视姿态训练，忽略过程训练，因此学习者会表现出动作过程不完整或缺失的现象。入座和离座应分别进行单一动作训练，每次训练控制在 5 ~ 10 分钟，单一训练后再合成动作，保持动作的连贯性和准确性，达到体现优雅、庄重坐姿的目的。

第三节　走姿训练

走姿也称步态，是指一个人在行走过程中的姿势。它以人的站姿为基础，是站姿的延续，始终处于运动中。走姿体现的是一种动态美，能直接反映出一个人的精神面貌，表现一个人的风度、风采和韵味，对个人社会性的塑造起着重要的作用。有良好走姿的人会显得年轻有活力。所谓“行如风”，就是指行走动作连贯，从容稳健。步幅、步速要以出行的目的、环境和身份等因素而定。协调和韵律感是步态的最基本要求。

女士走姿要轻盈飘逸，似“淑女”般窈窕婀娜；男士走姿要潇洒阳刚，似“绅士”般庄重稳健。

一、走姿的基本要求

走姿的训练是在站姿训练基础上进行的，上体要求与站姿相近，重点要加强动态中下体和手臂的训练。

（一）上体

后背正直，挺胸，双肩平齐、舒展；收腹，提臀，立腰；两眼平视前方，嘴角上扬，面带微笑。

（二）两臂

两臂以肩为轴，大臂带动小臂，前后自然摆动，似柳叶摆动，前后摆臂不超过30°，手自然半握拳，两手手心相对，如图2－3－1所示。

图2－3－1　走姿中的上臂动作

图2－3－2　走姿中的腿部动作

（三）腿部

大腿带动小腿，脚跟迅速过渡到全脚落地，落地轻盈（提气落地），两脚交替踏在一条竖线上，重心略向前脚移送，如图 2－3－2 所示。

（四）步幅

步幅是指前后脚的距离。在行走时，男士步幅约 25 厘米，女士步幅约 20 厘米。一般来说，前脚的脚跟距离后脚的脚尖应为一脚长，如图 2－3－3所示。步幅同时要根据服饰做适当调整，如女士穿裙装时，步幅可以适当缩小。

图 2－3－3　走姿中的步幅

（五）步速

步速是指人体行进时的速度。在行走时，步速要均匀、稳定，一般每分钟 100～120 步较适宜，不宜太快或太慢，特殊情况除外。

（六）步态

走路的姿态应有韵律感，同时具有较好的柔韧性。上体正直挺拔，步伐有力而富有弹性，双臂摆动轻松自如。

二、常用走姿介绍

环境不同，走路的姿态也应有所不同。下面介绍最常见的几种走姿。

（一）前进式走姿

前进式走姿是方向向前的行走姿势，具体做法是：精神饱满，步态轻盈，步幅适中，速度适宜，如图 2－3－4 所示。在行进过程中若与人交谈或问候，上体和头部可有适当的转动。

适用场合：适用于所有环境。

（二）后退式走姿

后退式走姿是方向向后的行走姿势，具体做法是：在后退时，小腿抬起幅度不宜过高，以不拖擦地面为准，步幅应缩小，两腿之间距离要小，重心要平稳，如图 2－3－5 所示。

图 2－3－4　前进式走姿

图 2－3－5　后退式走姿

适用场合：特定环境中适用，如与人告别时，为了表现礼貌，应后撤几步再转身离开等。

（三）侧行式走姿

侧行式走姿的具体做法是：与前进式走姿基本相同，不同之处在于上身要向左或右转体，面向交谈对象或任务对象，适当加以手势辅助，如图 2－3－6 所示。

适用场合：特定环境中适用，如引导他人或在较窄地方行进、礼仪服务等。

图 2－3－6　侧行式走姿

三、易出现的不良走姿

（一）上体姿势不正

上体的不正确姿态主要有：在行走时上身左右摇晃，重心上下起伏；上体不挺拔，缩脖端肩，含胸驼背等。

（二）手臂摆动幅度过大

手臂在行进过程中起辅助作用，前后摆动幅度要适中，不能过大。大幅度的摆臂动作会使人感觉不稳重。

（三）走路方法不正确

（1）踢着走：走路时身体前倾，只有脚尖踢到地面，然后膝盖弯曲，脚跟往上提，腰部很少出力，使整条腿变胖。

（2）压脚走：走的时候身体重量压在脚尖上，然后再抬起来。双脚着地的时间比踢脚走的人长，使腿肚的肌肉越来越发达，出现“萝卜”腿现象。

（3）内八字走法：双脚落地时，脚尖向里扣呈内八字走法，长久下来会形成 O 形腿。

（4）外八字走法：双脚落地时，脚尖过分向外分呈外八字走法。外八字走法会使膝盖向外，使腿部动作变形，也会导致 O 形腿的产生。

（四）步态不规范

在行走时，还会出现以下问题：步速太快或太慢、步幅过大或过小、精神状态不饱满、动作僵硬、神情颓丧等。

四、走姿训练方法

行走姿态必须经过科学训练，进行一定量的练习，才能形成良好的走姿。

（一）分步骤基本练习

初级训练阶段应采用分解式练习，把走姿分成三个过程训练，即提、迈、落。“提”是指行进腿大腿向上提45°，形成膝盖上提，脚尖向下；“迈”是指行进腿以膝盖为轴，大腿保持不动，小腿向前伸长，脚尖稍离地；“落”是指行进腿落地，后脚推前脚，重心前移，如图2－3－7所示。

图2－3－7　走姿训练的分步练习

练习时，先分解练习，再整合动作。节奏可以由三拍过渡至两拍，速度由慢到快。

（二）工具辅助练习

为保持走姿的平稳性，可使用“书籍”作为工具辅助练习。要求在行进中将一本厚度适中的书放在头顶中心，头、躯干挺直，自然保持平衡。这种训练方法可以纠正身体出现的不良习惯，如身体左右摇摆、头部晃动等。每次训练控制在20分钟左右。

（三）音乐体验练习

当行走姿态基本正确后，可以配合音乐进行练习。音乐可采用慢速和中速节奏。这种训练方法不仅可以起到调节学习情绪的作用，同时可以培养动作的韵律感和表现力，陶冶学习者的艺术素养。

第四节　蹲姿训练

俗话说“蹲要雅”，蹲姿是指人体在下蹲时呈现的基本姿势，是站姿的变换动作，也是日常生活中的辅助姿态，人们在低处取物、拾物、整理物品、整理鞋袜等特定的场合或条件下会运用蹲姿，它是人体静态美与动态美的综合。蹲姿要动作美观，姿势轻稳优雅。

一、蹲姿的基本要求

上身要求与站姿相同，即后背正直，收腹，立腰，挺胸，两眼平视前方，嘴角上扬，面带微笑；腿部动作根据需要进行不同的位置变化，在位置上要注意两腿内侧收紧。

下蹲时要注意身体方位，面对人下蹲或合影留念时，要侧身相向；捡拾物品时，要走到物品左侧蹲下；整理鞋袜或整理低处物品时，可正身下蹲。

下蹲时要注意蹲速，不能太快，速度要适中。

二、常用蹲姿介绍

根据不同场合和条件，蹲姿主要包括以下三种。

（一）高低式蹲姿

高低式蹲姿的做法是：两膝一高一低，左脚在前，右脚在后。下蹲时，上体保持正直，左脚全脚着地，右脚脚掌着地，脚跟抬起；右膝低于左膝，两腿内侧相夹，臀部靠在右脚跟处，重心在右腿上，两手交叉放在膝盖上，如图 2 - 4 - 1 所示。可以做相反方向的动作。男士两腿间可保持适当的距离。

图 2－4－1 高低式蹲姿

（二）交叉式蹲姿

交叉式蹲姿的做法是：两腿交叉在一起下蹲。下蹲时，右脚在前，左脚在后；右脚全脚着地，小腿垂直于地面，左膝从右膝下方伸出，左脚脚掌着地，脚跟抬起；臀部靠在左脚跟处，两腿夹紧，重心在两腿上，如图 2－4－2 所示。可以做相反方向的动作。

图 2－4－2 交叉式蹲姿

（三）单膝点地式蹲姿

单膝点地式蹲姿适用于男士，其特征是双腿一蹲一跪。这是一种非正式的蹲姿，多在下蹲时间较长或为了用力方便时采用。下蹲后，右膝点地，臀部坐在脚跟之上，以前脚掌着地。另一条腿全脚掌着地，小腿垂直于地面。双膝同时向前，双腿尽力靠拢。西方男士在向女子求婚时采用的就是这种蹲姿。

三、易出现的不良蹲姿

（一）方位不准确

应根据具体的场合和需要选择蹲姿，注意方位的准确运用，如对人下蹲时，采用正面下蹲就是很不礼貌的行为。

（二）蹲速不当

在下蹲时速度不能过快，要轻稳，同时速度适中。特别是女性穿旗袍等服饰时，更要注意。

（三）不注意动作的隐蔽性

蹲姿因重心过低，因此要十分注重腿部动作的控制。要收紧腿部动作，两腿之间不能有缝隙，特别是穿裙装时，更要注意下蹲动作的隐蔽性。

（四）随意滥用

不要在工作中随意采用蹲姿，也不可蹲在椅子上或蹲在地上休息。要有意识地、经常地、主动地进行标准蹲姿训练，形成良好习惯。可以运用压腿、踢腿、活动关节等方式加强腿部膝关节、踝关节的力量和柔韧性训练，这是优美蹲姿的基础。

平时在进行蹲姿训练时可以配上优美的音乐，放松心情，减轻单调、疲劳之感。

四、注意事项

（1）注意区别各种步伐的动作要领。

（2）在掌握了基本步伐以后，才能进行变化步的学习。

（3）在行进间步伐练习时，适当配合手臂和上体动作进行练习。

第五节　姿态的组合练习

姿态组合动作是进行形态训练的常用形式，是对初学者进行形体教学的主要内容。它是练习者在掌握若干基本动作之后，进一步巩固动作技术，提高动作的协调性、节奏感及表现力的重要手段。

我们将姿态组合分为单一型组合动作和综合型组合动作。单一型组合是将某一种技术类型的动作为主编排的姿态组合动作，是以巩固某一类动作技术，将同类不同形式的单个动作变换节奏和方向，按一定规律将动作串联进来进行的练习。综合型组合动作是由多种不同技术类型的动作编制而成的，是为了巩固和提高不同类型动作的技术质量和动作间的连接水平，使学生适应不同动作在节奏、速度和强度等方面不断变化的练习。

一、地上动作组合练习

（一）**踝关节练习**，4×8

拍预备姿势：直腿坐地，脚尖绷直，两手后撑。

1. 1×8 拍

1~2 拍：钩脚尖上屈。
3~4 拍：踝关节上屈。
5~6 拍：踝关节伸展，脚尖保持不变。
7~8 拍：脚尖伸展踝关节保持不变。

2. 2×8 拍

同 1×8 拍。

3. 3×8 拍

1—4 拍：两踝同时向外绕环 1 周，脚尖保持伸展姿势。
5—8 拍：两踝同时向内绕环 1 周，脚尖保持伸展姿势。

4. 4×8 拍

同 3×8 拍。

（二）踝关节练习，4×8 拍

预备姿势：直起坐地，两手后撑。

1．1×8 拍

1～2 拍：左腿向上屈膝，脚尖前点地。
3～4 拍：左腿伸直还原至开始动作。
5～8 拍：同 1～4 拍，换右脚练习。

2．2×8 柏

1～8 拍：同 1×8 拍中的 1～4 拍，两脚同时完成 2 次。

3．3×8 拍

1～2 拍：同 1×8 拍的 1～2 拍，
3～4 拍：左膝向右侧屈，上体保持挺胸抬头，右脚保持不变。
5～6 拍：同 1～2 拍。
7～8 拍：还原成开始动作。

4．4×8 拍

同 3×8 拍，换右脚练习。

（三）头颈动作练习，6×8 拍

预备姿势：盘腿坐地，头颈直立，两臂自然放松，两手放于膝上。

1．1×8 拍

1～2 拍：低头。
3～4 拍：还原。
5～6 拍：抬头。
7～8 拍：还原。

2．2×8 拍

1～2 拍：向左偏头（侧屈）。
3～4 拍：还原。
5～8 拍：同 1～4 拍，但方向相反。

3. 3×8 拍

1~2 拍：向左转头。
3~4 拍：还原。
5~8 拍：同 1~4 拍，但方向相反。

4. 4×8 拍

1~2 拍：向左转头 90°。
3~4 拍：还原。
5~8 拍：同 1~4 拍，但方向相反。

5. 5×8 拍

1~4 拍：头颈从左向右绕环 1 周。
5~8 拍：同 1~4 拍，但方向相反。

6. 6×8 拍

同 5×8 拍。

（四）胸腰练习，6×8 拍

预备姿势：盘腿坐地，上体直立，两臂自然放松，两手自然放于膝上。

1. 1×8 拍

1~4 拍：上体向前含胸、低头，手臂动作不变。
5~8 拍：展胸、立腰、低头，手臂动作不变。

2. 2×8 拍

同 1×8 拍。

3. 3×8 拍

1~4 拍：上体左侧转腰，头颈左侧低头，右臂屈肘，手指触左肩。
5~8 拍：还原成预备姿势。

4. 4×8 拍

同 3×8 拍。

5. 5×8 拍

1—4 拍：上体左侧屈，头颈自然低头，右臂动作不变，右手至三位。

5—8 拍：上体从侧经前压回到开始动作，右臂从三位经二位至七位（图 2-5-1）。

图 2-5-1 胸腰练习

6. 6×8 拍

同 5×8 拍，但方向相反。

（五）肩部动作练习，6×8 拍

预备姿势：盘腿坐地，上体直立，两臂自然放松，两手自然放于膝上。

1. 1×8 拍

1~4 拍：两肩同时上提，耸肩。

5~8 拍：两肩同时下沉，沉肩。

2. 2×8 拍

1~4 拍：完成 1 次 1×8 拍的动作。

5~8 拍：重复 1~4 拍的动作。

3. 3×8 拍

1~4 拍：左肩完成一次耸肩、沉肩动作。

5~8 拍：右肩完成一次耸肩、沉肩动作。

4. 4×8 拍

同3×8 拍。

5. 5×8 拍

1~4 拍：两肩同时向前绕环1周。
5~8 拍：同1~4 拍，但方向相反。

6. 6×8 拍

1~4 拍：两肩同时向后绕环1周。
5~8 拍：同1~4 拍，但方向相反。

（六）踢腿动作组合，8×8 拍

预备姿势：盘腿坐地，两手后撑。

1. 1×8 拍

1~2 拍：左腿向上屈膝，脚尖点地。
3~4 拍：小腿向上伸直。
5~6 拍：同1~2 拍。
7~8 拍：还原。

2. 2×8 拍

同1×8 拍，换右脚做练习。

3. 3×8 拍

1~4 拍：左腿向上踢腿2 次，右腿伸直不变。
5~8 拍：右腿向上踢腿2 次，左腿伸直不变。

4. 4×8 拍

1~8 拍：两臂经前向后，上体控制后倒成仰卧。

5. 5×8 拍

1~8 拍：左腿向前大踢腿2 次。

6. 6×8 拍

1~8 拍：右腿向前大踢腿 2 次。

7. 7×8 拍

1~8 拍：两手握左腿搬腿。

8. 8×8 拍

1~8 拍：两手握右腿搬腿。

（七）压腿组合，6×8 拍

预备姿势：直腿坐地，手臂三位。

1. 1×8 拍

1~4 拍：上体前压，两臂保持三位前伸。
5~8 拍：还原。

2. 2×8 拍

1~8 拍：2 拍 1 次向前压腿 4 次。

3. 3×8 拍

1~2 拍：两腿尽量向外分开，成分腿坐，同时上体前压，手臂分成七位。
3~4 拍：上体直立，手臂保持七位。
5~8 拍：同 1~4 拍。

4. 4×8 拍

1~4 拍：上体左转面对左腿，向左侧压腿 2 次，同时两手自然扶地。
5~8 拍：同 1~4 拍，换右腿练习。

5. 5×8 拍

1~8 拍：上体正对前方，向左侧压腿 2 次，左手自然前撑地，右臂至三位。

6. 6×8 拍

同5×8 拍，但方向相反。

（八）地上动作综合组合练习，12×8 拍

预备姿势：直腿坐地，上体前压靠近腿，两手自然扶腿。
预备姿势：上体逐渐直立，两臂由前经三位从两侧分开，放于体侧。

1. 1×8 拍

1~4 拍：两踝做由外向内的绕环 1 周，同时伴随着膝关节的屈伸动作。
5~8 拍：两踝做由内向外的绕环 1 周，膝关节动作同 1~4 拍，抱紧腿。

2. 2×8 拍

1~2 拍：两膝向上，小腿内收，脚尖点地含胸低头，两手臂抱紧腿。
3~4 拍：两腿伸直还原。
5~8 拍：两小腿内收，成盘腿坐，同时上体直立，两臂至三位。

3. 3×8 拍

1~4 拍：身体左转 90°，左腿屈腿靠地面，右腿屈腿脚尖点地，膝向上，同时左手撑地，右手臂做压掌。
5~8 拍：同1~4 拍，但方向相反。

4. 4×8 拍

1~4 拍：上体做盘腿左侧滚动转体 180°成盘腿坐，两手扶膝。
5~8 拍：同1~4 拍，但方向相反。

5. 5×8 拍

1~4 拍：两腿伸直，成分腿坐，同时左侧压掌，右手穿掌向右侧，上体向右侧挺胸，头部转向右侧（图2-5-2）。
5~8 拍：同1~4 拍，但方向相反。

图 2－5－2　5×8 拍的动作要领

6. 6×8 拍

1～4 拍：右腿开始做五龙绞柱，同时上体后倒。
5～8 拍：向右侧滚动一周半，成侧卧。

7. 7×8 拍

1～4 拍：左腿向侧大踢腿 2 次，右臂伸直扶地，左臂体前撑地。
5～6 拍：左腿做屈膝收腿 1 次，手臂不变。
7～8 拍：左腿左侧大踢腿 1 次，手臂不变。

8. 8×8 拍

1～4 拍：地上侧屈体抱腿含胸。
5～8 拍：上体后展，两腿伸直后展，成反弓，两臂至三位。

9. 9×8 拍

1～8 拍：同 7×8 拍，但方向相反。

10. 10×8 拍

1～8 拍：同 8×8 拍，但方向相反。

11. 11×8 拍

1～4 拍：右腿开始做五龙绞柱 1 次。
5～8 拍：右腿跪撑，左腿向侧直腿点地，上体向右侧低头，两臂斜上举（图 2－5－3）。

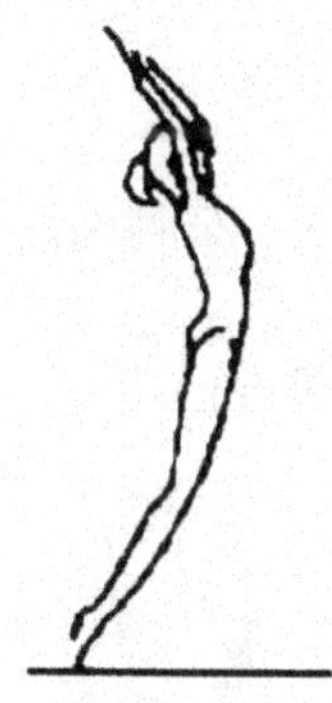

图2－5－3　（8×8 拍—11×8 拍）的动作要领

12．12×8 拍

1～8 拍：同11×8 拍，但方向相反。

二、姿态组合练习

（一）芭蕾手位姿态组合，4×8 拍

预备姿势：左脚前三位站立，一位手。

1．1×8 拍

1～4 拍：手臂从一位到二位，左脚前擦至点地，两眼平视前方（图2－5－4）。

图2－5－4　手臂动作要领

5～8 拍：手臂从二位到三位，左脚画圆至侧点地，抬头右转 45°。

2. 2×8 拍

1～4 拍：手臂从三位到四位（右臂到二位），左脚画圆至后点地，同时成右脚在前的弓步（图 2－5－5）。

5～8 拍：腿部动作不变，右臂从二位打开成五位。

图 2－5－5 姿势组合

3. 3×8 拍

1～4 拍：手臂从五位到六位，同时收回左脚经半蹲三位站立。

5～8 拍：手臂从六位到七位，脚部动作不变。

4. 4×8 拍

1～8 拍：手臂从七位还原成一位。

重复做，可改变脚的方向。（图 2－5－6）

（二）芭蕾姿态组合，8×8 拍

预备姿势：身体面对 2 点，成左脚在前的三位站立，手臂一位。

1. 1×8 拍

1～4 拍：手臂从一位到二位，同时左脚向前擦地前点地。

5～8 拍：手臂从二位到右手在上左手在侧的五位，头左转 45°，脚的动作不变。

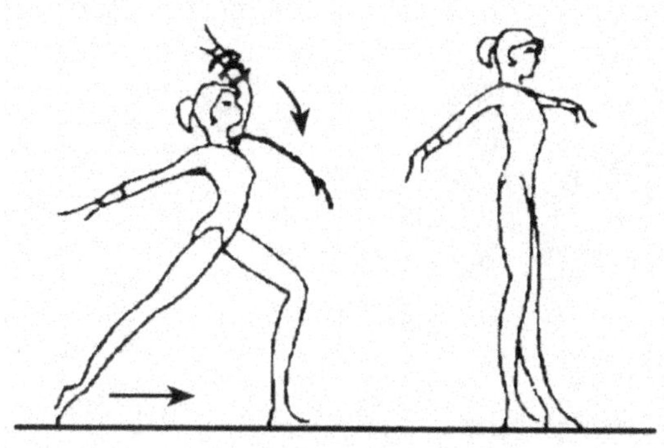

图2－5－6　姿势组合

2．2×8 拍

1～8 拍：右臂从三位开始向后抡臂，左臂到三位，右臂到一位，同时右腿半蹲，左脚前点地。

3．3×8 拍

1～4 拍：手臂从三位合到二位，同时重心前移成四位蹲，重心在两腿之间。

5～8 拍：手臂从二位分开成右臂向前，左臂向侧的姿势，同时，重心前移到左脚，右脚后点地。

4．4×8 拍

1～8 拍：手臂回到一位，同时收右腿立踵向右转体 270°，右脚在前的三位站立（图2－5－7）。

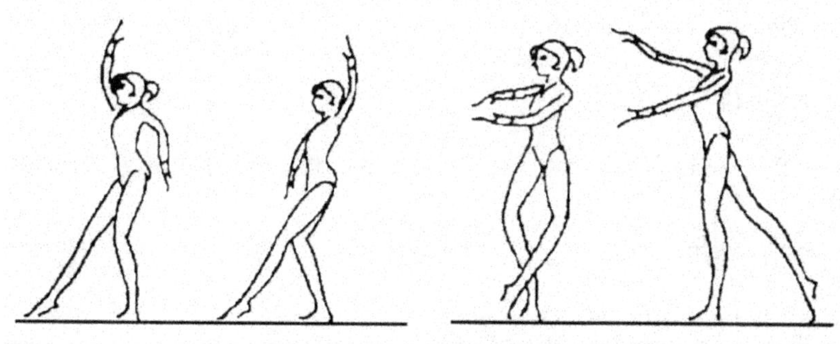

图2－5－7　芭蕾舞姿态组合

5. 5×8 拍~8×8 拍

同1×8 拍~4×8 拍的动作，但方向相反。

（三）古典手位练习，6×8 拍

预备姿势：两手后背，脚呈丁字步站立。

1. 1×8 拍

1~8 拍：右臂侧起经托掌下切成单三膀（图2-5-8）。

图2-5-8 古典舞姿态组合

2. 2×8 拍

1~8 拍：左臂做1×8 拍的动作成双三膀。

3. 3×8 拍

1~4 拍：左脚左上侧一步，右脚左后侧点地，同时左手提襟右手按掌。

5~8 拍：右脚右后侧一步，左脚左斜前方点地，左手动作不变，右手做斜托掌。

4. 4×8 拍

1~4 拍：左脚右侧一步，右脚右后侧点地，同时手臂经胸前交叉做顺风旗。

5~8 拍：脚的动作不变，手臂做托按掌（右手上托，左手按掌）。

5. 5×8 拍

1~8 拍：右脚收成左脚在前的丁字步，手臂做双托掌。

6. 6×8 拍

1~4 拍：左脚左侧一步成弓步，右脚左后侧点地，手臂做冲拳动作。

6. 5~8 拍

右脚收成丁字步，手臂做提襟（图2-5-9）。

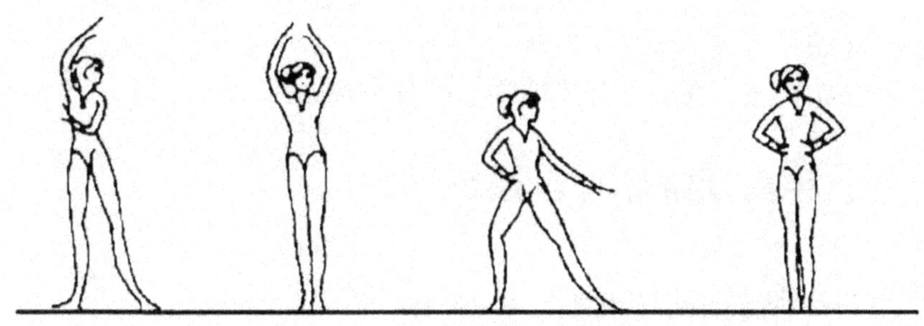

图2-5-9　古典手位组合

（四）古典手拉手练习，6×8 拍

预备姿势：左脚在前丁字步站立，两手后背。

1. 1×8 拍

1~8 拍：右脚左后侧点地，同时右臂经上托掌，切掌拉开成单三膀，左手后背。

2. 2×8 拍

1~4 拍：脚的动作不变，两臂胸前交叉在右手上托掌的顺风旗。

5~8 拍：脚的动作不变，两手从顺风旗姿势，再从两侧分开成双托掌。

3. 3×8 拍

1~8 拍：右脚右侧一步半蹲，左脚前点地，左臂拉开成三臂成托按掌。

4. 4×8 拍

1~8 拍：右脚右侧一步，左脚右侧一步成踏步蹲，同时，手臂成托按掌。

5. 5×8 拍

1～8 拍：身体慢起，左脚上前一步呈丁字步，上体从右侧拧转成双托掌。

6. 6×8 拍

1～4 拍：右脚上步交叉转体。
5～8 拍：左脚在前丁字步站立，同时手臂做提襟。

三、手臂摆绕环与波浪练习

（一）手臂摆动与波浪，4×8 拍

预备姿势：直腿并立，手臂一位。

1. 1×8 拍

1～2 拍：双膝弹动 1 次，同时左右臂前后摆 1 次。
3～8 拍：双膝在 4 拍和 6 拍时各弹动 1 次，两臂从前后平举开始向前后方向摆臂 1 周回到一位。摆臂成左手前平举，右手后侧举。

2. 2×8 拍

同 1×8 拍，但手臂方向相反。

3. 3×8 拍

1～2 拍：左脚右侧一步，右脚侧点地，同时两臂向左摆动至水平。
3～4 拍：重心移至右脚，左脚尖侧点地，同时两臂从左侧经下摆动至右平举。
5～6 拍：右脚并左脚立踵，同时两臂经右经下、左、上绕环 1 周。
7～8 拍：同 1～2 拍。

4. 4×8 拍

同 3×8 拍，但方向相反。

（二）手臂摆动向绕环练习

4×8 拍预备姿势：并腿站立，手臂一位。

1. 1×8 拍

1～2 拍：两臂同时前摆至水平，双膝弹动 1 次。
3～4 拍：两臂从水平下摆至下垂，双膝弹动 1 次。
5～6 拍：两臂同时侧摆至水平，双膝弹动 1 次。
7～8 拍：两臂摆动收回，双膝弹动 1 次。

2. 2×8 拍

同 1×8 拍。

3. 3×8 拍

1～2 拍：左脚左侧一步，右脚尖侧点地，同时，右臂前摆至水平，右臂侧摆至侧平举。
3～4 拍：右脚收回与左脚并立，同时两臂收回到一位。
5～8 拍：双膝弹动 1 次，同时手臂做左臂前摆，右臂侧摆至水平，收回。

4. 4×8 拍

同 3×8 拍，但方向相反。

（三）波浪练习，6×8 拍

预备姿势：并腿站立，手臂一位。

1. 1×8 拍

1～4 拍：两臂向前做小波浪 1 次，不超过 45°。
5～8 拍：两臂向前做中波浪 1 次，不超过 90°。

2. 2×8 拍

1～8 拍：两臂向前做大波浪 1 次，不超过 135°。

3. 3×8 拍

1～4 拍：两臂向前做小波浪 1 次，不超过 45°。

5～8 拍：两臂向前做中波浪1次，不超过90°。

4. 4×8 拍

1～8 拍：两臂向前做大波浪1次，不超过135°。

5. 5×8 拍

1～4 拍：右脚向前1次，左脚后点地，右臂向右侧做水平波浪1次，左臂自然下垂。5—8 拍：同1—4 拍，但方向相反。

6. 6×8 拍

1～4 拍：左脚上前一步两脚并立，同时屈伸1次，两臂由内向外交叉分开成斜上举。

5～8 拍：两腿屈伸1次，同时两臂经上举交叉绕环到水平举做1次波浪。

（四）波浪练习，4×8 拍

预备姿势：两腿并立，手臂一位。

1. 1×8 拍

1～4 拍：两臂同时向左侧45°做1次波浪。5—8 拍：两臂同时向左侧45°做1次波浪。

2. 2×8 拍

1～4 拍：左脚上前做一步，重心前移，右脚后点地，同时两臂向左侧做波浪1次。

5～8 拍：同1～4 拍，但方向相反。

3. 3×8 拍

1～4 拍：左脚上前一步，重心前移，右脚后点地，同时两臂向左侧做波浪1次。

5～8 拍：同1～4 拍，但方向相反。

4. 4×8 拍

1～4 拍：左脚上步并立，同时屈膝含胸，两臂向前交叉。

5～8 拍：伸膝，同时展胸，两臂向外展开。

四、跳步组合练习

（一）一位小跳组合，2×8 拍

预备姿势：两脚一位站立，手臂一位。

1. 1×8 拍

1~4 拍：连续 3 次一位小跳，第 4 次小跳落地成半蹲，第 4 拍还原成站立，前 3 拍手臂保持一位，第 4 拍手臂打开成七位。

5~8 拍：同 1~4 拍。

2. 2×8 拍

1~2 拍：一位小跳 2 次，轻跳，手臂一位。

3 拍：高腾空一位小跳，同时两腿距离稍分开，手臂从一位打开至七位。

4 拍：落地，还原成开始姿势。

5~8 拍：同 1~4 拍。

（二）二位、五位小跳组合，2×8

预备姿势：两脚五位站立，手臂一位。

1. 1×8 拍

1~2 拍：五位跑起，二位落地，手臂从一位经二位至七位。

3~4 拍：二位跳起，五位落地，手臂从七位收回一位。

5~8 拍：同 1~4 拍。

2. 2×8 拍

1~8 拍：五位交换跳每小跳 1 次转体 90°，2 拍 1 次，跳 4 次，手臂七位。

（三）中跳组合，2×8 拍

预备姿势：三位脚站立，一位手臂。

1. 1×8 拍

1~2 拍：双脚起跳，左脚落地射燕跳一次，手臂做顺风旗。

3~4 拍：右脚上步，吸腿，脚方向面向 3 点，身体面向 1 点，左手叉腰，右臂做单三膀。

5~8 拍：同 1~4 拍，但方向相反。

2. 2×8 拍

1~2 拍：左脚上前一步，右脚在左脚前交叉，同时转体 180°做云手。

3~4 拍：左脚在前丁字步站立，左臂前屈肘剑指，右臂斜前方向臂剑指。

5~6 拍：右脚上前一步，左脚在右脚后交叉做翻身。

7~8 拍：右脚右侧一步，左脚后侧成弓步，右手叉腰，左臂做单三膀（图 2-5-10）。

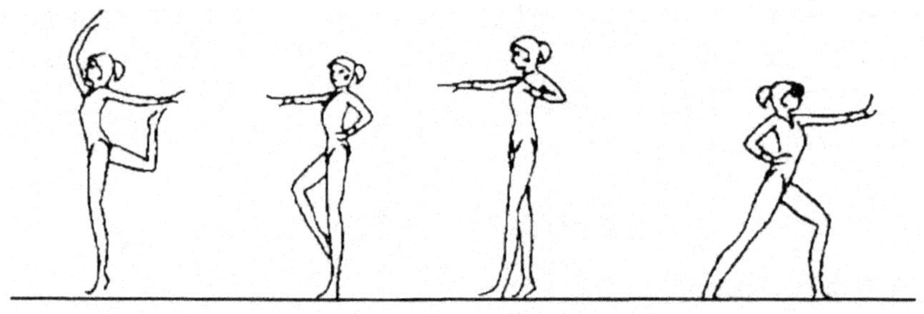

图 2-5-10　中跳组合动作

五、进行间组合练习

（一）柔软步组合，4×8 拍

预备姿势：立正。

1. 1×8 拍

1~2 拍：左脚向前做柔软步 1 次，右脚再向前做柔软步 1 次，同时左臂向前水平摆臂 1 次，右臂自然下垂。

3~4 拍：脚步动作同 1~2 拍，左臂做侧向水平摆臂 1 次。

5~6 拍：同 1~4 拍，换右臂做动作。

2. 2×8 拍

1~4 拍：左脚开始向前做柔软步 4 次，两臂同时做出前水平摆臂。
5~8 拍：脚步动作同 1~4 拍，两臂同时向两侧水平摆臂 1 次。

3. 3×8 拍

1~4 拍：左脚开始向前做柔软步 4 次，两臂同时向左侧做水平摆臂 1 次。
5~8 拍：脚步动作同 1~4 拍，两臂同时向左侧做水平摆臂 1 次。

4. 4×8 拍

1~4 拍：脚步动作同 3×8 拍中的 1~4 拍，两臂由内交叉绕环至斜上举。
5~8 拍：脚步动作同 1~4 拍，两臂由外交叉绕环至斜上举。

（二）脚尖步组合，4×8 拍

预备姿势：立正。

1. 1×8 拍

1~8 拍：左脚开始向前做脚尖步 8 次，手臂从二位、三位、七位至回一位，每个部位停顿 2 拍。

2. 2×8 拍

1~4 拍：左脚开始向前做脚尖步 4 次，左臂七位，右臂从一位经左侧到三位打开至七位。
5~8 拍：脚步动作同 1~4 拍，手臂动作方向相反。

3. 3×8 拍

1~4 拍：左脚开始脚尖步 4 次同时向左转 360°，左臂三位，右臂七位。
5~8 拍：左脚开始向前做脚尖步 4 次，两臂从一位分开成右臂斜上举，左臂斜下举。

4. 4×8 拍

同 3×8 拍，但方向相反。

（三）跑步组合，4×8 拍

预备姿势：立正。

1. 1×8 拍

1～4 拍：左脚开始向前跑 4 步，两臂自然摆动。
5 拍：双腿屈膝并跳，前顶髋，两手胸前交叉握，低头。
6 拍：伸膝并跳，上体前压挺胸，头左转，两臂向前伸直，两手交叉握，掌心向前。
7 拍：同 5 拍。
8 拍：同 6 拍。

2. 2×8 拍

1～4 拍：左脚开始向前跑 4 步，两臂自然摆动，头向前方。
5～6 拍：左脚左侧一步成左弓步，同时两手在左肩上击掌 2 次。
7～8 拍：同 5～6 拍，但方向相反。

3. 3×8 拍

1～4 拍：同 1×8 拍中的 1—4 拍。
5～6 拍：左脚上前一个并步，同时右臂前摆，左臂侧摆。
7～8 拍：同 5～6 拍，但方向相反。

4. 4×8 拍

1～4 拍：同 1×8 拍中的 1～4 拍。
5 拍：左脚向前跑一步，同时右后转体 180°，两手在体前击掌 1 次。
6 拍：右脚向后退一步，同时右后转体 180°，两手在体后击掌 1 次。
7 拍：同 1×8 拍中的 5 拍。
8 拍：同 1×8 拍中的 6 拍。

（四）弹簧步练习，4×8 拍

预备姿势：立正。

1. 1×8 拍

1～4 拍：左脚开始向前做弹簧步 4 次，前面 2 次，两手叉腰。
5～6 拍：左拧腰，右肩向前。

7 ~8 拍：右拧腰，左肩向前。

2．2 ×8 拍

同1 ×8 拍。

3．3 ×8 拍

1 ~2 拍：左脚上步向前做弹簧步1次，向右拧腰，左肩向前，手臂动作向前水平摆动。

3 ~4 拍：右脚上步向前做弹簧步1次，身体动作同1 ~2 拍，手臂向后自然摆动。

5 ~6 拍：同1 ~2 拍，但手臂向前摆动至三位。

7 ~8 拍：同3 ~4 拍，但手臂向后摆动至三位。

4．4 ×8 拍

同3 ×8 拍，但方向相反；第8 拍，右膝落地三位立踵。

（五）滚动步练习，4 ×8 拍

预备姿势：双脚并立，两手叉腰。

1．1 ×8 拍

1 ~8 拍：左脚开始原地做滚动步4 次，两手叉腰。

2．2 ×8 拍

1 ~8 拍：左脚开始向前做滚动步4 次，两手叉腰。

3．3 ×8 拍

1 ~8 拍：左脚开始做滚动步4 次，同时每做一个滚动步向左转体90°，两手叉腰。

4．4 ×8 拍

1 ~4 拍：左脚开始向前做滚动步4 次，两手上穿打开再叉腰，右肩向前，左肩向后。5 ~8 拍：同1 ~4 拍，但上肢动作方向相反。

（六）跑跳步练习，8 ×8 拍

组合开始队形：圆，变成两排。

预备姿势：立正。

1. 1×8 拍

1~4 拍：左脚开始面向圆心做跑跳步 4 次，同时两臂从两侧逐渐斜上举，掌心相对。

5~7 拍：左脚开始原地做跑跳步 3 次，同时两臂上举击掌 3 次。

8 拍：左腿半蹲，右腿伸直，脚跟点地，上体左转 90°，侧对圆心，右臂水平与右腿方向一致，左臂三位。

2. 2×8 拍

1~8 拍：面向圆外，动作同 1×8 拍，但方向相反。

3. 3×8 拍

1~4 拍：左脚开始做跑跳步 4 次，同时原地转体 360°，两手叉腰。

5~7 拍：右脚开始原地后踢腿跑，两手叉腰。

8 拍：右腿半蹲，左腿弹出，腿跟点地，两手叉腰。

4. 4×8 拍

1~8 拍：左脚开始做跑跳步 8 次，同时胸前击掌 8 次，队形由圆形变成两排。

5. 5×8 拍

1~8 拍：前排左脚开始向左做跑跳步 8 次，后排右脚开始向右做跑跳步 8 次，前后排均拉手。

6. 6×8 拍

1~8 拍：前后排动作同 5×8 拍，但方向相反。

7. 7×8 拍

1 拍：左脚蹬地小跳，向左侧右吸腿身体面向前方，两排均拉手。

2 拍：右脚落地站立，拉手不变。

3~4 拍：同 1~2 拍。

5~8 拍：同 1~2 拍，但方向相反。

8. 8×8 拍

1 拍：左脚蹬地小跳，右脚向左斜下方小踢腿，两排均拉手。
2 拍：右脚收回站立，拉手不变。
3~4 拍：同 1~2 拍，但方向相反。
5~7 拍：右脚开始原地做后踢腿跑 3 次，拉手不变。
8 拍：右腿半蹲，左脚前伸，脚跟点地，两手后背。

（七）波尔卡舞步组合，4×8 拍

预备姿势：双脚并立，两手臂在体前交叉相拉。

1. 1×8 拍

1~6 拍：左脚开始小跳向前做波尔卡舞步 3 次，上体随动作两人同时稍向左、右扭转。

7 拍：右脚原地小跳 1 次，落地时稍屈膝，同时左脚尖前点地，上体稍后倾，眼看 2 点。

8 拍：右脚原地小跳 1 次，落地时稍屈膝，同时左腿后摆，脚尖点地，上体稍前倾。

2. 2×8 拍

同 1×8 拍，但方向相反。

3. 3×8 拍

1~2 拍：左脚向前做波尔卡步 1 次。
3~4 拍：右脚向前做波尔卡步 1 次。
5 拍：左脚向左前方伸出，脚跟触地。
6 拍：左脚收回在右脚外侧脚尖点地。
7~8 拍：左脚向前做波尔卡步 1 次。

4. 4×8 拍

同 3×8 拍，但方向相反。

（八）华尔兹练习，4×8 拍

预备姿势：左脚在前三位脚站立。

1. 1×8 拍

1 拍：右脚开始向右侧做华尔兹，两臂屈肘后贴于腰间，向右拧腰，头转向 8 点。

2 拍：同 1 拍，但方向相反。

3～4 拍：同 1～2 拍。

5 拍：右脚向右斜 45°方向做向前华尔兹，两臂一位至三位，低头含胸。

6 拍：左脚向左斜 45°方向做向前华尔兹，两臂由上举向左右打开成左臂斜上举，右臂侧举，抬头挺胸，头面向 8 点。

7～8 拍：同 5～6 拍。

2. 2×8 拍

1 拍：右脚开始做向左转体 180°的转体华尔兹，左臂由后向前摆至三位，右臂三位。

2 拍：左脚开始做向右转体 180°的转体华尔兹，右臂由前向后绕环一周成三位，左臂三位。

3～4 拍：同 1～2 拍。

5 拍：右脚开始做向右侧华尔兹，身体向左侧屈，同时做右臂波浪起成侧上举，左臂波浪下落成侧斜下举。

6 拍：同 5 拍，但方向相反。

7～8 拍：同 5～6 拍。

3. 3×8 拍

1 拍：右脚开始做向后退华尔兹，上体向右拧腰，同时两臂从侧平举摆至前后平举。

2 拍：同 1 拍，但方向相反。

3～4 拍：同 1～2 拍。

5 拍：右脚向右斜前方做华尔兹，同时两臂摆至右斜上方。

6 拍：左脚向左后斜方做华尔兹，同时手臂摆至右手三位，左手一位。

7～8 拍：右脚开始向前做华尔兹 2 次，手臂做向侧小波浪。

4. 4×8 拍

同 3×8 拍，但方向相反。

第三章　气质训练

“气质”一词我们的日常生活中经常听到，不管是有意还是无意，提到气质，往往与人的素质之间产生联系。形体人人都具有，但形体美却不是人人皆有。同样，气质也是人人有之，可有的人表现出的是粗俗、不雅，令人嗤之以鼻；而有的人则表现出典雅、文明、仪态大方。前者即使有良好的形体，但给人的印象仍会是不美，感到气质较差。相反，后者即使是没有前者所具有的良好形体，但给人的感觉仍是高雅的，气质会远远超过前者。

因此，我们可以看到，人的美不仅仅是体型美、体态美、体姿美，同时更为重要的是气质的美。人的形体随着岁月的流逝会发生变化，青春的魅力也难以持久，不可控制。而具备了良好的气质却不会随着时间的流逝而衰退。相反，它能长久保留，以致能弥补岁月带给形体的缺憾。气质是一种看得见、体会得到的东西，它通过人的身体姿态、动作姿势、行为、表情、言语等方面表现出来，身体只是气质的载体，气质通过身体外现于人们的面前。气质更多地受一个人文化、思想、教养、性格等多因素的影响，它是这诸多因素内在积淀的外化表现，人的言行举止均深深地烙上了气质的痕迹。

气质，它究竟是什么？是先天即有，或是经过后天培养获得？怎样才能获得良好的气质？实际上，气质是人的人格或个性特征，它体现着人的心理活动并对行为起着动力的作用。

气质是指有机体的，主要是由生物决定的相当稳定的特点，它仅仅由外部特质表现出来，而这些特质构成了行为能量水平和时间特点。环境引起气质变化，在个体生长发育中气质会发生改变。因此，改变外界环境的刺激可改变气质。通过一些特定的训练可使人的气质向着既定的方向改变。例如，各种素养的建立以及一些心理性的专门训练均可以使人的气质更加完善，更符合社会对人的要求。因此，后天的培养可获得良好的气质。

第一节　气质的概念及类型

一、气质的概念

按心理学的观点，气质是人的心理活动的稳定的动力特征。所谓的动力特征就是指心理活动发生时力量的强弱、变化的快慢、均衡的程度等。这种动力性特征在人的情绪和言行上表现得尤为突出。因而，我们会发现有的人热情、奔放、生机勃勃，而有的人则冷静、沉着、沉默寡言；有的人思维敏捷、动作灵敏，而有的人则行动迟缓、反应迟钝。这些表现正是气质外化的结果。正因为有如此多的气质类型的外现，才使得人类社会表现出丰富多彩的个性与风格。

（一）理解气质

气质是个人心理活动的稳定动力特征。它是指在人的认识、情感、语言、行为中，心理活动发生时力量的强弱、变化的快慢和均衡程度等稳定的动力特征。即气质是心理活动表现在强度、速度、稳定性和灵活性等方面的动力性质的心理特征。

心理活动的动力特征主要是指心理过程的速度和稳定性。例如，直觉的速度、思维灵活程度、注意力集中时间的长短；心理过程的强度，又如，情绪的强弱，意志努力的程度；心理活动的指向性，再如，有人倾向外部事物，有人倾向内心世界等。

这些相对稳定的心理动力特征的相互联系和相互作用，使人的日常活动带有一定的色彩，形成一定的风貌。世上为什么没有两个完全相同的人，犹如树上没有完全相同的两片叶子一样。气质影响个体活动的一切方面，具有某种气质特征的人，在内容完全不同的活动中显示出同样性质的动力特点。它仿佛使一个人的整个心理活动都涂上个人独特的色彩。例如，一个学生每逢考试就表现出激动，等待朋友时坐立不安，参加比赛前沉不住气，并且经常抢先回答教师的提问，这个学生具有情绪激动的气质特征（我们常常说这是一个情绪化的人）。气质相当于人们日常生活中所说的脾气、秉性或性情。

英国的一些心理学家将“气质”看作“人格”的同义词，但大多数心理学家将气质看作人格的一个组成部分。人们对气质的含义主要有以下三种意见。

（1）强调个体的情绪方面。西方一些心理学家认为气质是个体的习惯性的情绪反应。

（2）偏重生理因素。有些心理学家认为，气质是个体生理特征的表现。这种看法与气质的原始含义极为接近。例如，麦独孤（Mc Dougall）认为气质是“体内的新陈代谢或化学变化对心理活动产生的总效应。”

（3）强调动作反应。有些心理学家认为气质是个体反应的独特模式。奥尔波特（Allport）指出：“气质指与个体的情绪有关的各种现象，包括个体对情绪刺激的敏感性、习惯的反应强度与速度以及主导心境的特性、强度与变化等特点，这些个人情绪上的特有现象常随体质而定，因此大部分起因源自遗传。”

我们在这里将气质视为人格的一部分，将气质、性格与能力融合为一体的个性心理倾向表现的形式作为气质来分析。

（二）气质的特性

1. 气质的动力特性

气质的动力特性体现为：①心理过程的强度：情绪的强弱、心理体验的程度。②心理过程的速度：知觉速度（反应快慢）、思维灵活度和反应敏捷度等。③心理活动的稳定性：注意力集中的程度和意志力的强弱。④心理活动的指向性：人倾向于外界获得的印象，或倾向于内部，体验自己的情绪，分析自己的思想和感觉等。

2. 气质具有天赋性和遗传性因素

每个人都具有先天性的心理特征，这些特征构成了个人独特的心理活动基础。与生俱来的心理特征是稳定的，是人生固有的，它决定了个人的心理活动动力方面的自然属性，因而使每一个人独具自己特有的色彩。例如，“诚实与虚伪、勤奋与懒惰、公正与自私”等都是天生的，这些天赋的心理活动特性是很难改变的，正如俗语所言：“江山易改，禀性难移”。但是在环境和教育的影响下，气质特点并非一成不变，只是这种变化较为缓慢和困难。

（三）气质学说

1. 四液说

古希腊著名的医生、哲学家希波克拉底（Hippocrates）认为，每一个人之所以独具特色，是因为在他们身上具有四种体液：血液、黏液、黄胆汁和黑胆汁，这四种体液构成了人体的性质。这四种液体的对应关系如表3－1－1所示。

表3－1－1　四种液体的对应关系

四液	气质类型	生理基础	特点
黄胆汁	胆汁质	生于肝	热烈易怒
血液	多血质	生于心	热情善变
黑胆汁	抑郁质	生于脾（胃）	稳慎迟缓
黏液	黏液质	生于脑	细微抑郁

希波克拉底认为，四种液体在人体中配合协调人就健康，比例失调人就生病，人的气质取决于这四种液体的混合比例，哪一种液体在人体内占优势，其人就属于哪一种气质类型。他的学说在现实生活中和我们观察到的四种气质类型的典型特点极为一致，相当吻合。所以，他的学说对后人关于气质类型的研究有较为深远的影响，受他的影响，气质类型的名称一直沿用了2000多年。

2. 阴阳五行说

我国早在《内经》医学典籍中对阴阳五行学说就有深刻的研究，《周易》《尚书》等哲学著作中也对阴阳五行说进行过探讨。可见，我国对人类体型、体液的研究迄始是很早的。按阴阳之强弱将人分为：太阳、少阳、太阴、少阴、阴阳平衡。阳即为兴、强、活之意；阴则为抑、弱、冷之说。五行思想是古代的医学家把五行“金、木、水、火、土”与五脏、五色联系起来。其对应关系如表3－1－2所示。

表3－1－2　阴阳五行对应关系

五行	五脏	阴阳	五色	特点
金	肺	太阳	白	刻板
木	肝	厥阴阳	青	安静
水	肾	少阴	黑	善欺
火	心	少阳	赤	实效
土	脾	太阴	黄	忠厚

3. 高级神经活动类型说

苏联著名生理学家巴甫洛夫（Pavlov）认为：人类高级神经活动过程就是兴奋与抑制的过程，兴奋与抑制过程的强度、平衡性与灵活性决定人类特有的高级神经活动类型，也称之为兴奋、抑制学说。

兴奋过程是跟有机体的某些活动的发动或加强相联系的。抑制过程是跟有机体的某些活动的停止或减弱相联系的。二者相互依存、相互转化。例如，清醒时兴奋占优势，睡眠时抑制占优势。

神经过程的强度，是指大脑皮层经受强烈刺激或持久工作的能力。强刺激引起强兴奋，弱刺激引起弱兴奋。但是，刺激物很强时，并不是所有的有机体都能以相应的兴奋对它发生反应，兴奋过程强的人，对很强的刺激仍能形成和保持条件反射；兴奋过程弱的人，对很强的刺激不能形成条件反射，并且抑制和破坏已经建立的条件反射，甚至会导致神经活动的“分裂”。抑制过程较强的动物可以耐受不间断的内抑制 5 ~ 10 分钟，而抑制过程弱的动物则不能耐受持续 15 ~ 30 秒钟的内抑制，甚至会导致中枢神经系统的病变。

神经过程的平衡性，指兴奋过程和抑制过程之间力量的对比。兴奋过程的强弱和抑制过程的强弱大体上相近即是平衡的，其兴奋过程和抑制过程的强弱出现较大的差势则是不平衡的。

神经过程的灵活性，是指对刺激物的反应速度以及兴奋过程与抑制过程相互转换的速度。如，有的人灵活，有的人不灵活。我们把神经系统的特性看作“天赋的特性”，研究表明，神经过程的三个特性是变化的。例如，兴奋过程强抑制过程弱的动物，经过训练有可能使抑制过程增强而与兴奋过程相平衡。

巴甫洛夫根据神经活动系统的三种特性将高级神经活动分为四种类型。

（1）强、平衡而灵活的类型

健康、坚强、充满活力的神经活动类型。这是一种最完善的类型，这种类型的人比其他类型的人能较好地与环境维持平衡。这种类型的人受刺激时活泼、灵敏，没有受刺激时倾向于昏沉。他们很容易建立抑制性条件反射。在不良的环境中，这种类型的人也难出现神经性疾病。

（2）强、平衡而不灵活的类型

能够良好地适应环境。这种类型的个体兴奋过程和抑制过程都强，而且平衡，这是一种坚韧而行动迟缓的类型。由于神经过程不灵活，这种类型的个体很难适应快速变化的环境。即使生活在不良的环境中，也很难出现神经性疾病。

（3）强而不平衡的类型

个体兴奋过程强于抑制过程，这是一种容易兴奋、不受约束的类型，所以也称为不可遏制型。在特别强的抑制情境中，这种类型的个体倾向于抑郁和昏沉，或者产生难以遏制的行为或攻击性行为。

（4）弱型

这种类型的个体需要特殊的环境才能生存，他们难以建立条件反射。这种类型的个体神经细胞很弱，所以正常强度的刺激也会引起他们的保护性抑制，在新刺激作用下，会产生错乱，甚至衰竭。这种类型的个体常见于神经官能症，他们也很难对抑制性刺激做出反应。环境中的快速、经常性的变化会引起行为错乱。弱型具有一定的保护性，他们只有在特定的环境中生活才有价值。

强、平衡而灵活的类型称为活泼型；强、平衡而不灵活的类型称为安静型；强而不平衡的类型称为兴奋型；弱型称为抑郁型。这些高级神经活动的类型，是人的气质形成的生理基础，得到了人们的认可与接受。

高级神经活动类型与气质类型对应关系如表3－1－3所示。

表3－1－3　高级神经活动类型与气质类型对应关系

<table>
<tr><th colspan="3">高级神经活动类型</th><th>气质类型</th><th>参照系</th></tr>
<tr><td rowspan="3">强型</td><td colspan="2">不平衡型（不可遏制型）</td><td>胆汁质</td><td>常见</td></tr>
<tr><td rowspan="2">平衡型</td><td>灵活（活泼型）</td><td>多血质</td><td>最常见</td></tr>
<tr><td>不灵活（安静平静型）</td><td>黏液质</td><td>常见</td></tr>
<tr><td colspan="3">弱型（抑制型）</td><td>抑郁质</td><td>少见</td></tr>
</table>

二、气质的生理基础及类型

对于气质现象给予最早关注的是古希腊的医生希波克拉底和盖伦。他们认为，人的许多情绪的变化与人体内的某些物质的多少有关，并且用这物质的多少解释气质的不同。例如，有的人易怒、感情冲动是由于黄胆汁多；有些人热情、活泼是由于血液过多；有些人冷静、沉着是由于黏液过多；还有一些人反应迟钝、动作迟缓则是由于黑胆汁过多的缘故。根据以上的分析，人的气质一般对应分为四类：兴奋的胆汁质、活泼的多血质、安静的黏液质和抑制的抑郁质。

（一）四种典型的气质类型

现代心理学研究了人身上一些共同的或近似的心理活动动力特征的规律，根据人的感受性、耐受性、敏捷性、兴奋性以及内倾、外倾等特征不同程度的结合，按其规律，组织分类，并参照或者说沿用了古希腊著名医生希波克拉底的学说，将这些心理活动的动力特征分门别类地归纳出了四种气质类型，虽说科学依据尚显不足，但是得到了心理学界的普遍认可。气质可分为如下四种典型类型。

1. 胆汁质

胆汁质的特点是强烈的兴奋过程，较弱的抑制过程，情绪难以自制，反应敏捷，行动果断，明显的外倾型。此类人精力充沛，敢说敢干，热情直爽，勇往直前，敢冒风险，冲动莽撞，易怒易躁，激动热烈。

2. 多血质

多血质的特点是情绪兴奋度强，具有灵活性和较高的可塑性，适应性强但稳定性较差，具有外倾性。此类人活泼好动，思维敏捷，情绪易变，朝气蓬勃，注意涣散，兴趣易变，聪明伶俐，善与人交，天真活泼。

3. 黏液质

黏液质的特点是兴奋和抑制过程比较平衡，感情不易兴奋，不易激动，有较强的稳定性和持续性，反应较慢，不易外露，较为内倾。此类人沉着冷静，反应缓慢，坚韧练达，老练，态度稳重，交际适度，注意稳定，埋头苦干，忍耐力强，沉默稳重。

4. 抑郁质

抑郁质的特点是较强的抑制过程，较弱的兴奋过程，反应缓慢迟钝，感情细腻、深刻，严重内倾。此类人沉默寡言，敏感多疑，意倦，紧慎小心，观察力强，注意细节，不善交际，喜欢独处，行动缓慢胆小心细，孤僻冷漠。

以上四种类型的人在对待同一事物中，他们的心理活动、言语表现、行为方式会各不相同。例如，工作中遇到挫折失败，胆汁质的人会暴躁易怒，不问青红皂白与人争斗；多血质的人则会问明问题的症结，在接受教训的同时，他会很风趣地回敬别人，很快地把不愉快的事转移；黏液质的人则会蹲在一旁生闷气，不肯轻易发表意见；而抑郁质的人则经受不住打击，会多疑别人瞧不起自己，可能一蹶不振，成为精神负担。这是比较明显的四种气质类型的不同表现。但是在现实生活中，一个人往往是同时具有几种气质类型特点的混合型。气质类型特征具体如表3－1－4所示。

表3－1－4　气质类型的具体特征

气质类型	高级神经活动类型	气质心理特征的组合	典型的行为方式
胆汁质	强而不平衡型（不可遏制型）	感受性低，有一定耐受性，反应快而不灵活，情绪兴奋性高，抑制能力差，外倾性明显，行为有一定的可塑性	精力旺盛、热情直率、情绪容易激动、心境变换剧烈、脾气相对急躁
多血质	强而平衡灵活型（活泼型）	感受性低，耐受性高，反应快而灵活，情绪兴奋性高，外倾性明显，行为具有较大的可塑性	反应灵敏、敏感、活泼好动、喜欢与人交往、注意力不易集中、兴趣善变、缺乏耐性
黏液质	强而平衡（不灵活型）安静型	感受性低，耐受性高，反应不是很迅速，具有一定的稳定性，情绪兴奋性不是很明显，内倾性明显，行为具有一定的可塑性	反应比较缓慢、稳重安静、情绪比较内敛，注意力集中比较稳定，忍耐性较强
抑郁质	弱型（抑制型）	具有较高的感受性，耐受性较低，反应速度相对较慢，刻板不灵活，情绪兴奋性高而体验深，内倾性特别明显，行为可塑性较小	情绪体验深刻、行为迟缓、敏感、能察觉到别人很难发现的事情、胆小、富于幻想

气质本身并无好坏之分。气质并不决定人的性格品德，任何气质类型的人，都既可能养成良好的品质和习惯，也可能形成不良的品质和习惯。不论哪一类气质类型都有其闪光的一面，也都有其晦涩的一面，即积极的一面和消极的一面。举例如下。

胆汁质：聪慧活泼——积极；注意涣散——消极。

黏液质：沉着稳重——积极；固执淡漠——消极。

抑郁质：观察细腻——积极；多疑多虑——消极。

多血质：热情敏捷——积极；急躁易怒——消极。

由此看来，不论哪一种气质类型的人都各有所长、各有所短，人生事业成败不在于气质本身，而在于驾驭气质的能力。

气质是与生俱来的心理动力特征，打上深深的遗传烙印，对于一个人来说没有选择的余地，重要的是了解自己，自觉地发扬自己气质中积极的方面，努力克服气质中的消极方面。

（二）气质与体型关系的分类

美国的心理学家谢尔顿经过研究发现人的气质与体型有着密切的关系。他认为人的体型可分为三类，而相对应的气质亦为三种：

1. 内胚叶型

其特征为肥胖、体态松弛、多脂、骨骼和肌肉与其相关组织发展较弱。相对应的气质为体内型。这类人群善于社交、热情、追求舒适，他们希望得到较好的评价，情感反应良好。

2. 中胚叶型

其特征为四肢肌肉发达，身体强壮，体态线条分明。相对应的气质为躯体型。这类型人群精力充沛，活泼好动，能经受住身心两方面的严峻考验，具有外向性格。

3. 外胚叶型

其特征为瘦小细长、体态呆板、肌肉多筋、反应灵敏、容易疲劳。相对应的气质为脑髓型，这类人群沉默寡言，容易受到外界的干扰和暗示，能克制情绪的外露，具有内向性格。

谢尔顿的发现给气质的分类提供了另一幅有趣的画面。而现代人们普遍较为接受的气质类型分类的生理基础为巴甫洛夫的高级神经系统的理论。巴甫洛夫认为，神经的活动类型分为四种（图 3－1－1）。其划分的依据主要是由高级神经活动的特征决定的。它们主要包括神经活动的强度、均衡性、灵活性等。

- 神经类型
  - 强型
    - 活泼型：热情活泼，工作效率高，机智敏锐，善于交际，想象力丰富
    - 安静型：平稳坚定，自我控制力强，态度持重，个性顽强
    - 神经类型兴奋型：脾气急躁，性格直爽，好胜心强，敢于冒险，做事不顾后果
  - 弱型（抵制型）：沉默寡言，敏感，意志薄弱，易消极悲观，富于自我体验，易倦

图 3－1－1　神经的活动类型

巴甫洛夫的以上四种神经类型的分类是在大量动物实验的基础上建立起来的。虽然是以动物作为实验对象，但人的神经类型从生理本质上讲与高级动物并没有什么区别，其生理活动的基本规律与高级动物是相一致的，他的学说恰好与古希腊希波克拉底等人的四种气质分类相吻合。因此，我们可以认为，巴甫洛夫关于神经系统的类型学说正是人的气质类型的生理学基础，气质的各种类型的表现，正是其高级神经系统活动的外现。

每个人神经活动的基本特征是生下来就有的，但人出生后的环境影响会使神经活动发生极大的改变。人的发展要受社会发展规律的制约，人已不仅仅是自然的人，而更重要的是社会的人。因而社会的发展，以及人本身所处的社会环境，对人的气质的形成及完善具有决定性的作用。因此，人的气质表现具有社会发展的痕迹，具有多面性。良好的气质是在先天遗传的基础上经后天精心培养而逐渐形成的，后天的培养能让人更具风采。

三、气质与性格

气质、性格与能力是个性心理特征的三个重要方面，其中，气质与性格的关系尤为密切。“气质”这一概念与我们平常所说的“禀性”“脾气”相近似。气质是人生来就具有的心理活动的动力特征。例如，情绪体验的强度、意志努力的强度；知觉的速度、思维的灵活程度、注意力集中时间的长短；有的人倾向于外部事物，从外界获得新印象；有的人倾向于内心世界，经常体验自己的情绪，分析自己的思想和印象等方面在行为上的表现。

性格是个人对现实的稳定的态度和习惯化了的行为方式。性格是人对现实的态度和相应行为方式中较为稳定的心理特征的结合。例如，有的人谦虚谨慎，克己奉公；有的人狂妄自大，懒惰自私；有的人勤勤恳恳，认真负责；有的人马马虎虎，敷衍塞责；有的人真诚热情，团结友爱；有的人虚伪奸诈，对人冷漠。所有这些都表明人对周围事物、事业、同事的不同态度和行为方式，都属于性格特征。

性格是反映人的精神面貌的主要标志，一个人的兴趣爱好、行为习惯、知识技能，都以性格为核心而转化。所以，性格可以从本质上反映一个人的个性特征。

性格不是先天具有的，而是在长期的社会活动、劳动实践和环境教育中逐步形成发展的，遗传因素不起决定作用。

气质是先天形成的，在一生中都比较稳定，但气质也具有一定的可塑性，在极为恶劣的条件，或重大生活事件的作用下，气质也会发生显著变化，但是在适当的条件下还会复原。“江山易改，禀性难移”中的禀性就是指与生俱来的“气质”。

因此，气质是后期形成性格的基础，如冲动、暴躁就是气质，内外向就是性格。

（一）气质与性格的区别

气质与性格都是描述个人典型行为的概念。它们的区别主要表现在下列三个方面。

（1）从起源上看，气质是先天的，一般产生在个体发生的早期阶段，主要体现为神经类型的自然表现。性格是后天的，在个体的生命开始时期并没有性格，它是人在活动中与社会环境相互作用的产物，反映人的社会性。

（2）从可塑性上看，气质的变化较慢，可塑性较小；即使能改变，也很不容易。性格的可塑性较大，环境对性格的塑造作用是明显的。

（3）气质所指的典型行为是它的动力特征而与行为内容无关，因而气质无好坏善恶之分。性格主要是指行为的内容，它表现为个体与社会环境的关系。从社会评价的角度来看，性格有好坏善恶之分。

人们总是把正直、诚实、勤劳、勇敢、谦虚、认真等看成是良好的性格特征；而把阴险、狡诈、懒惰、怯懦、骄傲、马虎等看成是不良的性格特征。气质没有好坏之分，在评定人的气质时，我们不能说什么气质是好的，什么气质是不好的。因为，每一种气质都有其积极的方面和消极的方面。例如，多血质的人情绪丰富、工作能力强、容易适应新的环境，但注意力不稳定，兴趣容易转移。抑郁质的人感情比较细腻，做事紧慎小心，观察力敏锐，善于察觉到别人不易察觉的细小事物，但耐受能力差，容易感到疲劳，容易产生慌张失措的情绪。黏液质的人容易养成自制、镇静、安宁、不急躁的品质，但也容易对周围事物冷淡、不够灵活。胆汁质的人精力充沛、态度直率，能以极大的热情投入工作，但易暴躁，在精力消耗殆尽时易失去信心，情绪易转为沮丧。

具备上述几点完善性格的人可能外向型的人多一点。不过，内向型的人也不必气馁，因为性格可以锻炼。您不妨从打招呼开始，见面点点头，问个好，日久天长以后人们也会觉得某某变了，他和人说话了，这样受到鼓励以后，他可能也增强了人际交往的信心和能力。不必把自己性格内向或外向作为一个包袱，因为每个人的性格和气质有所长也有所短，只要在实际生活中努力发挥自己的优点克服自己的短处，你就可能拥有成功的人生。

（二）气质与性格的密切联系

从气质对性格形成的影响上来看。首先，气质会影响个人性格的形成。因为性格特征直接依赖于教育和社会相互作用的性质和方法。气质作为性格形成的一种变量在个体发生的早期阶段就表现出来。有些婴儿喜欢哭或笑，有些婴儿安静，还有一些婴儿很好动，这些气质特征必然会影响家庭环境，影响父母或其他哺育者的不同行为反应。一个人的性格就是在这种不同性质的教育和社会环境的相互作用过程中逐渐形成的。其次，气质可以按照自己的动力方式，渲染性格特征，从而使性格特征具有独特的色彩。例如，同样是乐于助人的性格特征，多血质者在帮助别人时，往往动作敏捷，情感明显表露于外，情绪饱满、精力充沛；而黏液质者可能动作沉着，情感不表露于外，表现为踏实肯干、操作精细。

同样是勇敢的性格特征，胆汁质的人可能表现为猛打猛冲、怒不可遏；而黏液质的人则可能表现为沉着应战、威武不屈。再次，气质还会影响性格特征形成或改造的速度。例如，要形成自制力，胆汁质的人往往需要做极大的努力和克制，形成之后也很不稳定；而抑郁质的人则比较容易形成，他不用特别抑制自己就能办到。再从性格对气质的影响上来看，性格也可以在一定程度上掩盖或改变气质，使它服从于生活实践的要求。例如，侦察兵必须具备冷静沉着、机智勇敢等性格特征。在严格的军事训练的实践活动中，这些性格特征的形成有可能掩盖或改造着胆汁质者易冲动和不可遏止的气质特征。

（三）气质与性格的相互制约

由于性格更多地受社会生活条件的制约，它又是个性心理特征的核心，因而会在一定程度上掩盖和改造气质，即掩盖和改造神经活动类型的特性。例如，从事精细操作的外科医师所应具备的沉着的性格特征，在形成过程中就有可能改造此职业的胆汁质者的容易冲动和不可遏止的原有气质特征。

气质类型相同的人，当然容易形成相同的性格倾向，但也可以形成不同的表现性格。气质类型不同的人，既易形成不同的表现性格，也可以形成相同的性格倾向。例如，胆汁质的人，既可以是热情、积极、朝气蓬勃的人，也可以是鲁莽粗暴、不能忍耐、爱发脾气的人；多血质的人，既可以是活泼、亲切而有生气的人，也可以是轻率肤浅而轻举妄动的人；黏液质的人，既可以是恬静、沉着、稳重的人，也可以是懒惰、萎靡不振、对一切事物漠不关心的人。抑郁质的人，既可以是情感深刻而善解人意的人，也可以是孤僻羞怯而郁闷的人。

通常，一个人的气质在童年期表现得比较明显。随着年龄的增长，积累的生活经验日益丰富，他的某种气质特点也就更多地为后天获得的个性特征所掩盖。在成人身上，气质和性格往往是有机地交织在一起的，表现为一个人特定的态度体系和行为模式。在日常生活中，我们往往很难把气质和性格严格区分开来。

四、气质与人格

人格是一个人区别于他人的独特的整体特性，包括气质、性格与能力。气质，是体现在高级神经活动类型上的差异。性格，是体现在社会道德评价方面的差异。能力体现人的综合素质与自我发展的差异。

人格是一个人与社会环境相互作用表现出的一种独特的行为模式、思维模式和情绪反应的特征，也是一个人区别于他人的特征之一。因此人格就表现在思维能力、认识能力、行为能力、情绪反应、人际关系、态度、信仰、道德价值观念等方面。一般地讲，人的形成与生物遗传因素有关，但是人格是在一定的社会文化背景下产生的，所以也是社会文化的产物。

从心理学角度讲，人格包括两部分，即性格与气质。性格是人稳定个性的心理特征，表现在人对现实的态度和相应的行为方式上。从好的方面讲，人对现实的态度包括热爱生活、对荣誉的追求、对友谊和爱情的忠诚、对他人的礼让关怀和帮助、对邪恶的仇恨等。人对现实的行为方式如举止端庄、态度温和、情感豪放、谈吐幽默等。人们对现实的态度和行为模式的结合就构成了一个人区别于他人的独特的性格。

在性格这个问题上，恩格斯曾说，人的性格不仅表现在做什么，而且表现在怎么做。做什么说明一个人在追求什么，拒绝什么，反映了人对现实的态度。怎么做说明人是怎么追求的，反映了人对现实的行为方式。性格从本质上表现了人的特征，而气质就好像是给人格打上了一种色彩、一个标记。气质是指人的心理活动和行为模式方面的特点，赋予性格光泽。同样是热爱劳动的人，可是气质不同的人表现就不同：有的人表现为动作迅速，但粗糙一些，这可能是胆汁质的人；有的人很细致，但动作缓慢，这可能是黏液质的人。气质和性格就这样构成了人格。

第二节　气质训练的内容

人的性格、教养、受教育的程度、所处的环境等，对其成长及气质的形成具有重大的作用。一个受到过较高程度教育、有着良好教养、个性鲜明的人，其言谈、行为、举止就会让人感到得体、适当。我们在此论及的气质，更多地是指一种素质，一种建立在良好身体状态下的精神风貌。健康的身体是物质的载体，气质是通过身体的表现而得以体现的。良好的形体，健康的身体，加之优雅高贵的气质，会给人一种赏心悦目的美感。

良好的气质能通过后天的培养、训练而获得，这已是不争的事实。只是这种培养和训练是一个漫长而有意识的过程，它不仅有对身体本身的训练，更多地还是对文化修养和素质的培养。这是一个有目的的行为过程，只有那些主动的、自觉的参与者，才能获得最大的成功。而那些仅靠短时间的突击式的形体训练或瘦身训练的练习者，要想获得良好的气质是不现实的。因为，气质的底蕴是文化长期的积淀，形体美的最终表现是良好的形体加之优雅得体的气质。因此，我们认为气质训练应包括以下的内容（图3－2－1）。

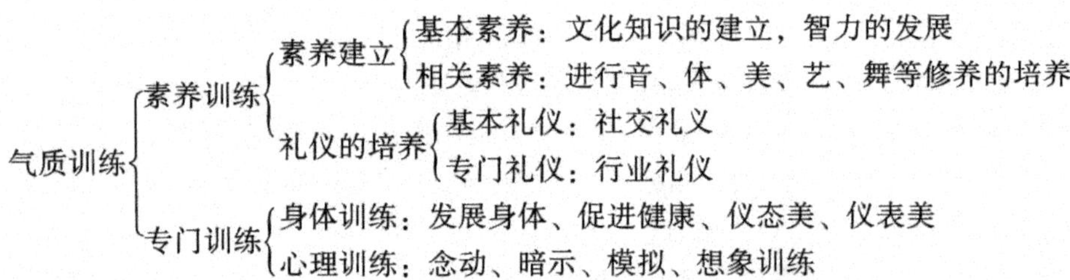

图3－2－1　气质训练的内容

一、素养的建立

我们把素养分为基本素养和相关素养。基本素养主要是指人的有关智力发展的部分，即通常所说的文化知识的学习。人的知识的学习过程是一个认识世界、了解世界、完善自身、改造世界的过程。知识能武装头脑、开阔视野，使人心胸开阔、豁达、大气。只有具备了较丰富的知识，掌握了一定技能，人才能立足于社会，实现自我的价值，完成社会对他的要求，也才能做到自尊、自爱、自信、自立，具有完善的人格和不俗的气质。智力的发展是其他素养建立的基础，很难想象，一个没知识、少文化，成天游手好闲，无所事事的人，很难说能对社会有所贡献，更说不上其气质高雅，让人钦佩了。

相关素养是指那些非智力因素的部分，它主要包括音乐、舞蹈、体育、艺术教育等。这些相关素养的建立，对人的气质的形成具有重大的作用。

音乐是通过有组织的乐音表达人的思想、情感，并反映现实生活的一门听觉艺术。音乐能陶冶人的情操、净化人的灵魂、丰富人的情感。图画所不能描绘的，语言所不能表达的，音乐往往能曲尽其蕴，表现内心世界，引起心弦的共鸣。节奏的起伏和音调的变化，往往切合人心的细微变化。个人的性格、民族的特征以及时代的精神都可以从音乐中窥探出。音乐所具有的这些审美、教育、娱乐功能，能让接受它的人受益，特别是对于人的审美能力和审美情感的培养有着不可替代的作用。

（一）舞蹈

舞蹈是以人自身有韵律的形体动作去抒发内心感情的一种艺术形式。它既能让人去欣赏、观摩，也能投身其中进行练习。经常观赏各类舞蹈，能有意识地培养对艺术的鉴赏力，加深对音乐的理解，继而提高其审美能力。这对于丰富人的内心世界具有较大的作用。投身其中进行全面的舞蹈练习，则有利于形成良好的身体姿态，使身体动作协调、灵敏。

（二）体育

体育是以身体活动为手段的教育。良好的身体是一切的基础。发达的肌肉、健壮的骨骼、优美的身体曲线，加之勃勃的生气，能使人有一种蓬勃向上，精神饱满之感，这一切均是建立在健康身体基础之上的。没有健康的身体就无从谈姿态美、形体美。体育锻炼能强身健体，也能从形态上、机能上完善人体，同时还能锤炼人的意志，对人的意志、品格、人格以及个性等均有良好的影响。总之，体育锻炼能使人顽强、自信、活泼、乐观，勇于面对挑战。

（三）艺术

艺术包括文学、绘画、雕塑、影视、戏曲、建筑等。进行艺术教育能让人通过视觉或听觉去体会和审视外界所发生的一切，借助其他各自的艺术形式，如美术的色彩、线条，影视的人物或雕塑的造型等在时空的变化中反映现实，表达人的审美感受，使人受到美的教育和熏陶，长期进行艺术教育，能使人在潜移默化中形成良好的气质。

我们可以看到，一个人良好气质的建立与形成并不是短时间能做到的，它是一个日积月累的过程，而其中基本素养的建立最为重要。只有首先具备了一定的基本素养，才能谈及气质的培养。同时也应该看到，气质的形成与完善过程是一个长期、系统的过程，必须付出艰辛的努力才能得以实现。

二、礼仪培养

人除了具有自然属性外，还具有社会属性。在社会生活中，人要与他人进行交流，要与他人共同相处、相存。随着社会文明程度的逐渐提高，人们对于彼此之间的交往与相处就有了一定的要求与制约，形成了一定的行为规范及行为准则，礼仪随即产生。一个人对人、对己的态度在一定程度上体现了个人的精神面貌、受教育的程度及气质风范。

因而作为一个文明社会的人就要注意自己的言行举止，要有礼貌，守纪律，讲道德，尊重他人，遵守社会公德。坐、立、行均要得体，不矫揉造作。说话注意场合，不在公众场所大声喧哗，与人交谈也要注意分寸，不随便议论他人。谈话时语音要适中，言语文明，语速平缓，语言简洁。在与不熟悉的人交谈时，还要注意保持适当的谈话距离。谈话时的姿势要端正，不应左右晃动、左顾右盼、不停地改变身体的姿势。衣着服饰也应根据场合及谈话的对象而定，不宜着奇装异服。总之，在与人相处时，只要本着尊重他人、文明行事、注意自身的言行，就能给人以文雅大方之感。

专门礼仪，是指那些专门从事某种职业所应具有的行为规范及准则。例如，教师就应具有教书育人、为人师表、品格高尚等品质；科学工作者应表现为勇于探索、不断创新、诚实、实干；服务行业人员则应表现为文明礼貌，为他人着想，工作热情、周到。不同的行业对其从业人员有着不同的要求和规范，其职业道德的标准亦有所不同。所以从事不同职业的人，就有其不同的气质风范。只有那些具有良好职业道德、敬业、爱岗的人，才会给人以良好的印象。

第三节　气质的专门训练

这里所提到的气质的培养，实际上主要是人格（气质、性格、能力）的培养。因此，这里所讲的气质，是一种内在修养和外在形象的结合，是一种说不清、道不明却又让人真切。

切感受到的美，是可以征服人的内心的一种形象，与漂亮不漂亮无关，是厚重的文化底蕴与素质修养的升华，是经得起时间考验的人格魅力与高雅气质。要想培养自身良好的气质，首先要明确良好气质的基本要求，然后掌握正确的培养方法，长期坚持，一定会达到完善原有气质特征，塑造完美形象的目的。

气质的培养过程是一个长期的、系统的、有意识的过程。人的神经类型、个性对人的气质有一定的影响。但后天有目的、有意识的训练能使人的气质更加完善，更加符合社会对人的要求。因此，气质的培训对形成良好的气质具有深远的意义。

气质的培养过程不是一个单独、孤立、片面的过程，是伴随着其他素养的建立而形成的。在建立一定的素养的同时，气质也逐渐地被积累、沉淀，最后形成自己独特的风格。气质的类型也不是一个人一种，人的气质由于社会、环境、教育、教养、培训的不同，也会显现出其复杂性和多面性。有的人也许兼有两种类型的气质特征，而有些人则介于两类之间。因此，我们所说的训练并不是针对某一类型进行的训练，而是作为一个总体的要求，在自有风格的基础上扬长避短，吸纳其他类型好的方面来完善自己。

当然，在整个素养的培训过程中，我们还应进行一些专门的训练，通过这些训练来对气质进行强化，进行专门的培养。只有这种专门的培养，是建立在基本素养和礼仪训练基础之上的，是让人内在素养外化的过程。通过对身体训练的同时，让人去听、去看、去想、去体会外部世界的变化，结合所学的理论知识，让内在的情感与外部的身体动作相结合，做到内外的结合和统一。同时对思想深处的素质积淀，通过规范化、具有引导性的身体动作得以外化，这种外化的过程也就是我们所看到的气质训练。

气质的专门训练分为一般的身体训练与心理训练两大类。一般的身体训练包括有形体训练、健身训练、健美训练等（此部分的内容及方法在前面的章节里做了详细的、系统的介绍）。心理训练则是在身体训练的基础上进行的针对思想的训练，它是一个更高层次的训练手段，是建立在训练者对身体动作、动作意识有了一个初步认识、了解的基础上进行的。心理训练包括有念动训练、自我暗示训练、模拟训练等。

一、气质的培养基础

（一）良好气质的要求

良好的气质包括内在气质和外在的气质，是以其丰富的内在素养为底蕴，加上外在形象的塑造而构成的。内在的优良气质应该是：远大的理想和坚定的信念、高尚的道德品质、扎实的文化知识、良好的心理素质以及积极的创新精神和实践能力。外在的优良气质应该是：在待人接物、为人处世和日常办事等交往中行为得体、语言文明、礼仪庄重、着装得体大方。通过这种内在和外在的气质的培养，塑造一个既有人格魅力又具有高雅气质的比较完整的优良气质形象。

如果一个人没有理想、缺乏道德、知识匮乏，就会造成内心空虚，那就无法表现出内在的气质美。而外在的气质又是通过在内在素养孕育的基础上，加上得体的行为举止、文明的语言、庄重的礼仪礼节、大方得体的着装等多方面体现出来，形成一个比较完整的优良气质形象。良好气质的要求有以下几点。

1. 合适的感受性和灵敏性

感受性是指个体对外界刺激达到多大强度时才能引起反应。灵敏性是指个体心理反应的速度和动作的敏捷程度。感受性过高，势必造成精力分散，注意力不集中，影响正常工作；感受性太低，也会出现怠慢现象，必须随时调节感受性和灵敏性至合适状态。

2. 忍耐性和情绪兴奋性不能太低，可塑性强

忍耐性是指个体遇到各种刺激和压力时的心理承受力。情绪兴奋性是指个体遇到高兴和扫兴的事情时，是否能够控制自己的情绪。人在遇到挫折、压力、巨大挑战的时候，情绪都会有波动，如遇到尖酸刻薄的人、不可理喻的事、控制情绪，保持良好状态，体现出很高的素养就显得很重要。面对这样的问题时，要选择积极的、催人奋进的语言给自己打气，进行心理暗示，告诉自己一定可以战胜挫折。

3. 自信

自信就是相信自己，深信自己有能力去完成自己所负担的各种任务。自信心就像人的能力的催化剂，将人的一切潜能都调动起来，将各部分的功能推动到最佳状态。而高水平的发挥在不断反复的基础上，会逐渐巩固成为人的本性的一部分。自信的人表现在对工作的积极性和主动性上，会产生战胜困难的巨大勇气；缺乏自信是一个人性格软弱的表现，表现为缩手缩脚、犹豫不决，丧失勇气而自卑。

4. 诚实

诚实待人和诚实待己。一是对人讲真话，忠诚老实，不弄虚作假，不阳奉阴违；二是要诚实地对待自己，如实地反映自己的优缺点，恰当地评价自己。相信别人，待人真诚，并能积极倾听别人的想法，从他们的行为中寻找优点，恰到好处地推崇赞扬别人。

5. 谦虚

谦虚是一种公认的美德，是一种良好的个性品质。“满招损，谦受益”“莫言人非，莫道己长”确实是一种境界和修养。

6. 宽容

宽容就是能够容忍，有气量，不过分计较和追究，能够谅解他人。做到：一是能以大局为重，不计较个人得失，在非原则问题上能够忍让；二是团结和自己意见不同甚至相反的人一道共事，求大同存小异，保持良好的人际关系；三是不嫉贤妒能，绝不能心胸狭窄。

宽容不是简单地忍受，而是理解、同情、练达、包涵，是因大而容，因容而大。无论遇到多么大的困难，都要认真解决，任何时候都不要为自己的错误找借口，诚恳地感谢指出自己错误的人，同时对他人做错事时要给予谅解与包容。保持心情愉快、舒畅，不为芝麻小事烦心，保持阳光心态。

7. 具有较强的观察力和准确的判断力

具有敏锐的观察力，通过着装、表情、言谈举止对人和事进行准确的判断。

8. 出色的表现能力和表达能力

通过自己的语言、行动和表情，完整、准确、恰当地表达自己的观点和思想，展示自身的魅力。

以上这些是很完善的人格特征，是人的一生中努力追求和完善的一个目标，完美的人格，散发出无尽的气质魅力。

（二）良好气质的培养

举止得体、语言文明大方、人际关系和谐，是完美人格、高雅气质的展现，那么如何培养良好的气质，树立良好的个人形象呢?

1. 培养内在美

精神世界的美与丑是形成气质的内在根源。唯有美好的情操，才有照人的风采。长期的思想文化和道德品质的修养是形成良好气质的重要因素。为此要倍加珍惜自己的青春年华，立志高远，努力学习，加强道德文化修养。培根说过，“读史使人明智，读诗使人灵秀，数学使人周密，科学使人深刻，伦理学使人庄重，逻辑学使人善辩，凡有所学，皆成性格。”唯有内在美，才能导致外在美。而内在美的形成非一日之功，它需要不懈地努力，不断地积累，不断地进行思想文化和道德情操的修养，才能逐渐培养起来。

首先要树立崇高的理想信念。这是现代人培养气质美的基本前提。理想信念是人生奋斗的目标和指路明灯，没有理想信念的追求和支撑，人只能浑浑噩噩、内心空虚、萎靡不振。所以有人说，没有理想信念的青春是灰色的，没有理想信念的行为是盲目的，没有理想信念的生活是乏味的。现代人一旦树立了坚定的理想信念，就会朝气蓬勃、充满斗志、乐观向上，朝着明确的目标，以坚强的毅力，努力提高精神境界，塑造高尚的人格。这样，就会在工作和生活中塑造出美好、阳光的气质和风度。

其次要培养高尚的道德品质。道德品质的纯洁高尚或庸俗低下是一个现代人是否受欢迎的分水岭。道德高尚的人具有爱心、诚信、真心，以热爱祖国、服务人民、崇尚科学、辛勤劳动、团结互助、诚实守信、遵纪守法、艰苦奋斗为自己的道德准则，使自己成为引领社会主义道德风尚的楷模。

2. 培养语言美

古人云：“言，心声也；书，心画也。”语言是心灵之窗，其粗俗与文雅，是一个人道德情操和知识水平的反映。因而大学生要在培养健康、文雅、深刻的语言上下功夫。首先，要有健康的语言，即语言所表达的内容要健康、高尚、清洁。健康的语言产生于美好的心灵。一个志向远大、品德高尚、内心充实的大学生，自然会将粗鄙的内容排斥于谈吐之外；相反，满嘴污言秽语的人，也正反映出他心灵深处的肮脏。因此，语言美首先要使语言的内容美。其次，要有文雅的语言，即语言要讲究艺术。语言是人与人交往的桥梁。俗话说："良言一句三冬暖，恶语伤人六月寒。"高雅优美的语言可以消除误会，增进友谊；相反会造成隔阂，甚至酿成大祸。再次，大学生的语言一定要有深刻性。无论是与人交谈、会上发言，还是写文章，都要有深度，有一定的见解和水平，切忌言之无物的空话。因此，大学生要在培养健康、文雅、深刻的语言上下功夫。

3. 培养鲜明的个性

良好的气质还表现在鲜明的个性上。现代人要注意个人的涵养，遇事不急、不慌、不怒、不狂；待人接物有主见、有智慧、有度量、有修养，能体贴人、谦让人、帮助人。要做到：高雅但不高傲、自尊但不自负、温柔但不懦弱、活泼但不轻浮、开朗但不粗俗、天真但不幼稚、成熟但不世故。

4. 培养高雅的兴趣爱好

兴趣爱好的广泛也是气质美的内涵之一。作为现代人要努力做到一专多能。一专就是对自己所学的专业、所从事职业的相关知识、业务能力要刻苦钻研、专心致志、有所发明、有所创造。多能就是兴趣爱好广泛，培养爱美之心，如爱好文学、喜欢读书可以让你了解人情世故，还可以提高语言表达能力，显得有书卷气；爱好音乐可以让你更热爱这个动感的世界；爱好美术可以让你感受色彩的美丽，享受这五彩缤纷的世界；爱好体育和舞蹈可以让你身健体美，让病痛远离你，让健康伴随你。总之，高雅地脱离了低级趣味的广泛的兴趣爱好，使人在其中学会欣赏美、追求美、创造美、表现美、演绎美，处处散发出特有的魅力，显示出与众不同的高雅气质。

5. 培养高雅的举止

高雅的举止不仅能在外观上给人以美感，而且有利于团结与合作，是气质美的重要标志。培养高雅的举止，应做到如下几点。

（1）彬彬有礼

中华民族素称礼仪之邦，彬彬有礼的气质风度历来受到人们的赞誉。待人彬彬有礼，获得的将是友谊和尊敬。

（2）严守纪律

遵守纪律恰恰是有知识、有教养的表现。每个人都应该养成严守纪律的良好习惯。

（3）豁达大度

豁达大度是一种性格、气质美，它表明待人接物通情达理颇有胸怀，有最大限度的理解和容忍，能够抛弃心胸狭隘和易怒的性格。有的人心胸狭窄，不能容人，常因一点小事就暴跳如雷，或出口伤人，或大打出手，这是个性修养上的一大缺陷。因此，应注意克服这些缺陷。

6. 培养美观的仪表

仪表是首先映入人们眼帘的气质表现。注重仪表美是热爱生活、积极向上的表现，而不修边幅、邋遢则是消极颓废的反映。对每个人来说，整洁、朴素、大方的仪表最美。苏联诗人马雅可夫斯基赞美说："世界上没有任何一件衣衫能比健康的皮肤和发达的肌肉更美丽。"每个人在珍惜自己的自然美的同时，如果能根据自身的形体特点和情趣爱好，恰到好处地锦上添花，使本来的自然美与修饰浑然一体、相映生辉，那就更美了。爱美是可贵的，但美并不等于浓妆艳抹。托尔斯泰（Lev Tolstoy）在《安娜·卡列尼娜》一书中描写了这样一个故事：年轻的姑娘吉堤为了和安娜争美，参加舞会前打扮了一整天，她穿上最华贵的衣服，连裙子的每一个褶皱都考虑过了，以为稳操胜券。可是到舞会上一看，安娜只穿了一件黑色天鹅绒长袍，未做任何修饰。然而在那些珠光宝气、浓妆艳抹、五光十色的贵夫人之间翩翩起舞，却显得冰清玉洁，光彩照人，使举座倾倒。这时的吉堤感到自己身上的装饰品和华贵的衣服是多么多余，那些贵夫人就更显俗气了。从这个故事中可以看出，过多的修饰只能破坏青春之美，而淡雅、朴素、大方的服饰却能起到绿叶映红花的作用。

总之，良好的气质不是生来就有的，而是经过后来努力、长期培养起来的。人的气质美是各具特色的，气质美的表现形式是因人而异的，不能生硬机械地模仿，只能长期培养。

二、气质训练的主要内容

（一）念动训练

念动训练是对平时的身体训练的一种补充训练。它是通过对动作的回忆或想象来实现的。通过想象或回忆某种运动动作，就能引起神经肌肉的相应变化。例如，请舞蹈家想象表演的动作，同时记录其腿上的肌肉电流，就可以看到肌肉的电流有明显的变化。

这表明通过想象动作技术就能使参与这些动作的肌肉“行动”起来，动员它们投入到你所想象的运动状态中。此时你并没有真正的身体动作，然而做到这些动作的肌肉则已伴随着你想象的动作而活跃起来。你想象的动作越优美、准确，则动员的肌肉也相应较准确。这避免了实际做动作时的一些不必要的、不协调的、不精确的肌肉动员。同时经常进行这类训练，还能有效地促进正确动作、精细动作的掌握，对于矫正姿态、修正不良的动作习惯有着良好的作用。这种训练适宜在身体训练的中后期进行，在练习者对练习内容具有深刻任何和熟练掌握的基础上进行。

训练时，要求练习者在安静之处卧或坐，闭上双腿，深呼吸几次，集中注意力，排除一切杂念，进行你要想象的动作练习。例如，想象你用最完美的动作姿势去完成某一段形体训练内容，想象的这些动作要尽可能生动、具体、详细。设想你所表达的最美的仪态感受、行为举止、语言的表达等。在想象中，你自己要完全沉浸在一种充满自信、快乐、顺畅的气氛中，用心去感受自己所想象的那种宁静、高雅的氛围。这样的训练不仅可以修正自己不正确的姿态，同时还能培养自己良好的气质，使内有的气质因素与外形身姿融为一体。这样的训练每次时间宜在 5 ~ 10 分钟，可在形体训练之前、之后或休息期间进行。在有条件的情况下，还可以音乐作背景，可以选择那些训练用的伴奏音乐，也可选取一些柔美、抒情的音乐，但音量不宜过大。

（二）自我暗示训练

这是一种自己指导自己的心理训练方法。它对建立自信心、控制自己的心态、建立健康的人格具有良好的作用。自我暗示训练法是 20 世纪 30 年代由德国精神病学家舒尔茨根据印度瑜伽术而创造的。最开始是对病人的治疗，以后有人又运用它去训练舞蹈演员及运动员，均获得了较大的成功。

自我暗示训练法是利用人的第二信号系统，也就是语言思维系统，用一定的语言暗示自己，使自己进入所提示的意境，达到自我要求的目的。自我暗示使用得当，能使紧张的神经得到松弛，消极的情绪得到鼓舞，不足的信心得到增强。总之，它能达到练习者意想不到的效果。

训练时，要求练习者选择一种适合自己的姿势，闭上双眼，告诉自己已处于一种安静、放松的状态，同时调整呼吸、加深呼吸并放慢呼吸，全身的肌肉也跟着放松，然后用语言暗示自己。例如，默默地告诉自己：我的身体很轻盈，我的每一个动作都很轻巧，我的行为和举止很高贵、典雅，让自己在暗示中尽情想象。同时所用的暗示语言要尽可能生动、形象，富于感情色彩，让自己的意识完全融入设想的情景中去。在不自信时，告诉自己“我能行”“我能做得很好”；在情绪紧张时暗示自己平静、放松，告诉自己“要镇静”“我能应付一切”；当行为有所失控时要暗示自己收敛。总之，学会了自我暗示的方法，就能让练习者调节自己的身心，有利于形成良好的心态。

（三）模拟训练

模拟训练即让练习者在某种特定的环境下进行有针对性的训练。这是一种想象设身处地的训练方法，能让练习者在静中去体会动。在设定的动中实践自己对动的设计。这种假定的模拟情境，能让练习者提前去体会真实，让其能有一个心理的渐进过程。同时反复的模拟训练，对练习者形成良好的习惯具有巨大的作用。例如，设定某个特殊的社交场所，设定一些特别的人物，让一些特定的事件发生，而身处其中，面对整个事态的发展，练习者要做出适当的反应，做出及时的处理。这实际上是一种适应性的心理训练。通过训练，才能让人对意外的事件、不适应的变化产生适应性，继而采用最适当的处理方法，做出相应的准备，不至于被意外的、突如其来的事件搞得心烦意乱、手足失措。模拟训练既可以独自进行，亦可在同伴的协助下进行。情境、条件、对象可以自行设定，事态的发展通常要假设几种，让练习者经过反复训练，达到处乱不惊，沉着、冷静地面对人或事。

第四章　形体素质训练

形体素质训练是形体训练的重要内容。通过形体素质训练，能够增强体质，促进身体发育，提高身体的活动能力，使身体得到全面的发展。经常进行形体素质训练有助于增强肢体各部位的柔韧性，提高肌肉群的力量和弹性，改善身体的协调性，为改善形体的控制力打下良好的基础。

形体素质训练的内容较为丰富，练习形式多样，但其中力量素质训练与柔韧素质训练是形体素质训练中的主要内容，它们的训练程度影响着形体动作的控制能力与表现力。因此，在形体训练中更应该加强体能的训练。

第一节　柔韧素质训练

柔韧性是形体艺术训练中非常重要的素质之一。良好的柔韧性是完成形体艺术动作和提高动作质量的基础，是完成大幅度动作的能力，也是发挥动作表现力和塑造优美造型的能力，良好的柔韧性可以防止运动中受伤。根据舞蹈形体训练的特点与要求，应该重点训练肩部、腰部、髋部和腿部。

柔韧素质主要是指人体各个关节活动的幅度以及肌肉和韧带的伸展能力，柔韧素质的好坏除了与遗传有关，更具有明显的可塑性，具有年龄变化的规律和特点。柔韧素质一般随着年龄的增长，在缺乏锻炼的情况下逐渐减弱，但在坚持训练的情况下，则较容易得到保持或增强。在形体训练中，柔韧素质是保持身体舒展、动作协调而有韵味的基础。

一、手臂和肩部的柔韧性训练

（一）手臂柔韧性的训练

手臂动作柔韧性的训练有各种摆、振和绕环。

（二）肩部柔韧性的训练

1. 训练内容

训练内容：压肩练习。预备姿势：面对把杆两脚开立，两臂伸直，双手扶把，上体前屈，低头。

2. 动作方法

动作方法：上体用力向下压，将肩关节拉开，紧接着还原成预备姿势。

3. 动作要求

压肩时保持塌腰、挺胸、低头姿势。上下振动要有弹性。

4. 教学方法：

2 拍一次反复弹压练习，重复 4 ×8 拍。1 拍一次反复弹压练习，重复 4 ×8 拍。

二、腰部、髋部和腿部的柔韧性训练

（一）腰部的柔韧性训练

腰部的柔韧性包括颈椎、胸椎和腰椎的柔韧，它们的柔韧性对掌握形体艺术动作中的身体摆动、下腰等动作非常重要，所以提高脊柱的柔韧性对舞蹈形体训练具有特殊的意义。

1. 训练内容

训练内容：开肩练习。预备姿势：面对墙双脚开立，相距墙约 35 厘米，两臂伸直上举扶墙。

2. 动作做法

动作做法：1 ~6 拍上体向前下压，肩带拉开，塌腰、挺胸、抬头停；7 ~8 拍，还原成预备姿势。

3. 动作要求

动作要求：上体向下压，肩、胸、手臂贴近墙壁，使胸、腰充分伸拉成反弓形。

4. 教学方法

教学方法：胸腰伸拉练习 1×8 拍完成，反复练习 4×8 拍。胸腰伸拉至最大限度时控制 4×8 拍并还原，反复练习 8×8 拍。

（二）髋部的柔韧性训练

髋部柔韧性训练是舞蹈形体训练的基本内容之一，也是大幅提升身体柔韧性和全身协调性的重要环节。提升这部分的柔韧性对增大下肢动作的幅度、完成动作质量具有重要的意义。

1. 训练内容

训练内容：髋部练习。预备姿势：坐地，两腿向外侧屈膝，脚心相对，两手扶住同侧的膝关节。

2. 动作做法

动作做法：双手同时向下按住膝盖使髋部打开至最大限度，然后还原成预备动作。

3. 动作要求

动作要求：上体向下压，胸腰向前伸拉至最大限度。

4. 教学方法

教学方法：两手用力下压，使膝关节尽量接触地面。上体向下压，胸腰向前伸拉至最大限度时控制 4×8 拍并还原，反复练习 8×8 拍。

（三）腿部的柔韧性训练

腿部柔韧性训练是舞蹈形体训练的基本内容之一，也是大幅提升身体柔韧性和全身协调性的重要环节。提升这部分的柔韧性对增大下肢动作的幅度、完成动作质量具有重要的意义。

1. 预备姿势

预备姿势：面对墙双脚开立，相距墙约 35 厘米，两臂伸直上举扶墙。

2. 动作做法

动作做法：1 ~6 拍上体向前下压，肩带拉开，塌腰、挺胸、抬头停；7 ~8 拍，还原成预备姿势。

3. 动作要求

动作要求：上体向下压，肩、胸、手臂贴近墙壁，使胸、腰充分伸拉成反弓形。

4. 教学方法

教学方法：胸腰伸拉练习 1 ×8 拍完成，反复练习 4 ×8 拍。胸腰伸拉至最大限度时控制 4 ×8 拍并还原，反复练习 8 ×8 拍。

三、拉伸法

发展柔韧素质的方法一般较简单，最基本的方法是拉伸法。拉伸法可分为动力拉伸法和静力拉伸法两种。动力拉伸法是指有节奏地对身体某部位反复做伸展性或牵拉性动作练习，使肌肉、韧带等软组织逐渐地被拉长。静力拉伸法是指当身体某部位的肌肉、韧带被拉长到一定程度的时候，保持静止不动，使被拉伸部位的肌肉、韧带等软组织得到持续被拉长的刺激，从而有效发展身体的柔韧性。在形体训练中，一般动力拉伸法与静力拉伸法交替进行。

在形体训练中，柔韧素质练习形式多样，可分为扶把练习、双人配合的拉伸练习及扶把和原地完成踢腿练习等。

（一）扶把拉伸训练

1. 下肢前压腿拉伸练习

压腿：前压腿预备姿势：右肩侧对把杆，左腿伸直放在把杆上，右手扶把，左臂上。

动作做法 1—2 拍：上体前屈以腹、胸、下颌依次贴近左腿，左臂伸向脚尖前方。3—4 拍：上体还原直立。5—8 拍：同 1—4 拍动作。

1—6 拍：保持上体前屈的动作。7—8 拍：上体还原直立。然后，换右腿完成上述前压腿练习。

2．下肢侧压腿拉伸练习

压腿：侧压腿，预备姿势：身体左肩侧斜对把杆，左腿伸直外旋放在把杆上，左手扶把，右臂上举。

动作做法：1—2 拍：上体向左侧屈，左肩后部贴左腿。3—4 拍：上体还原直立。5—8 拍：同 1—4 拍动作。

1—6 拍：保持上体向左侧屈的动作。7—8 拍：上体还原直立。然后，换右腿完成上述侧压腿练习。

3．下肢后压腿拉伸练习

后压腿预备姿势右肩侧对把杆，左腿放在把杆上脚面向外。右手扶把，左臂上举或叉腰。

动作做法：1—2 拍：右腿屈膝下蹲，身体立直。3—4 拍：膝关节伸直还原。5—8 拍：同 1—4 拍动作。

1—6 拍：保持屈膝的动作。7—8 拍：上体还原直立。然后，换右腿完成上述后压腿动作。

4．练习提示

单（双）手轻扶把杆，重心保持在支撑腿上。有规律地先压左腿，再压右腿，两腿交替练习。

压腿时，脚尖充分伸直，头、手牵引躯干向远伸展并匀速缓慢地下压用力拉伸腿部韧带和肌肉。侧压腿时充分开胯，脚背、膝盖向上。

压腿时保持良好的身体姿态，在节奏缓慢、旋律优美的音乐伴奏下完成练习。

5．下肢前踢腿拉伸练习

踢腿：前踢腿预备姿势右手扶把，右腿支撑站立，左脚后点地，左手成七位手。

动作做法：1—4 拍：左腿向前踢起至 90°以上位置，接着左腿回摆至后点地。5—8 拍：同 1—4 拍动作。然后，换右腿完成上述前踢腿练习。

6．下肢侧踢腿拉伸练习

侧踢腿预备姿势右手扶把，右腿支撑站立，左脚侧点地。

动作做：1—4 拍：左腿向侧踢至 90°以上肩后位置，接着左腿回摆至后点地。5—8 拍：同 1—4 拍动作。然后，换右腿完成上述侧踢腿练习。也可双手扶把完成侧踢腿练习。

7. 下肢后踢腿拉伸练习

后踢腿预备姿势：双手扶把，右腿支撑站立，左腿前点地。

动作做法：1—4 拍：左腿向后踢起至 90°以上位置，同时上体稍下压，接着左腿回摆至前点地。5—8 拍：同 1—4 拍动作。然后，换右腿完成上述后踢腿练习。

8. 练习提示

踢腿时，大腿发力，脚背绷起并带动腿快速上踢，同时收腹拔腰，腿有控制地回落。在节奏清晰、有力的音乐伴奏下完成踢腿练习。动作腿始终绷直并稍向外展，两臂和躯干保持舒展和稳定的姿态。

（二）躯干拉伸练习

1. 肩胸拉伸练习

预备姿势面对把杆，双手扶把，上体前屈 90°，两腿开立。

动作做法：1—8 拍：一拍一动向下振肩，动力性拉伸肩部的肌肉韧带。1—4 拍：抬头，肩胸向下持续用力，静力性拉伸肩胸部位的肌肉韧带。5—8 拍：上体还原直立。

2. 躯干侧屈拉伸练习

预备姿势两腿开立，右手扶把，左臂上举。

动作做法：1—4 拍：躯干向右侧屈至最大幅度。5—8 拍：身体直立。1—8 拍：躯干向右侧屈至最大幅度，静力性拉伸躯干左侧的肌肉韧带。动作方向相反。

3. 躯干后屈拉伸练习

预备姿势两腿开立，双手扶把。

动作做法：1—4 拍：躯干后屈至最大幅度。5—8 拍：身体直立。1—7 拍：保持躯干后屈至最大幅度。8 拍：身体直立后结束。也可单手扶把完成练习。

4．身体波浪拉伸练习

预备姿势右手扶把，两腿提踵并立。

动作做法：1—4拍：屈膝半蹲，上体稍前屈并含胸低头，两臂前举。5—8拍：踝、膝、髋、腰、胸、颈、头各部位依次而连贯地向前上方用力伸展，成直立姿势。波峰在体前出现，同时左臂向后经体侧摆至上举。也可以左手扶把练习，多次重复。

5．练习提示

拉伸时，五指均握住把杆，同时手臂伸直，重心保持在两腿之间。拉伸时力点在被拉伸部位，逐渐加大拉伸力度，直至被拉伸部位出现明显的酸胀感。

身体波浪动作相对较难掌握，练习时，帮助者可一手扶住练习者的肩部，一手扶住其臀部，帮助练习者的髋部向前用力，使髋部及时而充分地顶出。练习前先进行躯干的拉伸，效果更好。

身体波浪练习需提踵，由踝、膝开始发力，髋领先向前上方顶出，带动腰、胸、颈各部位由屈至伸，身体重心仍控制在垂直位。动作部位放松而连贯地将动力由起动部位依次传递到动作末端是波浪动作的技术关键。

（三）双人配合拉伸训练

1．双人配合肩胸拉伸练习

肩部拉伸。预备姿势：练习者面对面站立，双手扶在对方肩上，两脚自然开立。

动作做法：1—8拍：两人上体前屈，手掌同时用力下压对方肩部，拉伸并振动肩，两拍一动。1—8拍：两人上体前屈，手掌同时用力下压对方肩部，静力性拉伸一个八拍。

2．肩胸拉伸练习

预备姿势：被拉伸者左脚在前弓步站立，两臂上举，手掌并握；帮助者左脚弓步站立在被拉伸者的左后侧，左手扶住被拉伸者的大臂，右手抵住被拉伸者的肩背处

动作做法：1—8拍：两拍一动向后振压肩胸两次。持续用力，静力性拉伸肩胸韧带。然后，两人交换位置，完成拉伸练习。

3. 练习提示

体前屈拉伸肩胸练习，两腿左右开立，稍宽于肩，分掌扶住对方肩背，两人同时手掌用力下压，顺势展胸塌腰，完成肩胸拉伸练习。

被拉伸者主动配合帮助者的用力，顺力完成拉伸练习，避免抵抗用力。弓步肩胸拉伸练习，帮助者与被拉伸者同侧弓步站立，一手扶住练习者大臂，另一手顶住其肩背部，两手相对用力，有节奏地帮助对方完成拉伸练习。

4. 双人配合躯干拉伸练习

背人拉伸。预备姿势：被拉伸者两脚自然并拢，两臂上举，手掌并握；帮助者背对被拉伸者，两脚开立、半蹲，两手握住被拉伸者的上臂，用臀部顶住对方的大腿上部。帮助者含胸弓背，使被拉伸者脚尖抬起离地。被拉伸者抬头挺胸放松。

动作做法：1—8 拍：帮助者臀部和背部用力，上体前屈同时弓背含胸，顺势背起被拉伸者，被拉伸者抬头挺胸，躯干充分伸展、放松。1—8 拍：帮助者两拍一动利用膝关节的弹动和两手用力，对被拉伸者的肩背和躯干进行拉伸。然后，两人交换位置，完成拉伸练习。

5. 体侧屈拉伸练习

预备姿势：练习者并排站立，两脚比肩稍宽开立，内侧脚互相抵住，内侧手于体侧相握，外侧手头上相握。

动作做法：1—8 拍：向外侧弓步，四拍一动，用力拉伸腰侧和肩侧部位的肌肉韧带。向外侧弓步，逐渐用力持续拉伸体侧部位肌肉韧带。然后，两人交换位置或转体 180 度，完成体侧拉伸练习。

6. 弓背拉伸练习

预备姿势：练习者面对面站立，双手握住对方手掌。

动作做法：1—8 拍：练习者下蹲成马步姿势，然后弓背含胸，髋关节前送，上体成抱球状。两人同时向后相对用力，缓慢拉伸肩带及背部的韧带和肌群。

7. 下桥拉伸练习

预备姿势：练习者面对面站立，双脚开立，帮助者扶住被拉伸者腰部，被拉伸者直立，两臂上举。

动作做法：1—8 拍：被拉伸者上体后屈至，两拍一动，有节奏地拉伸腰部。被拉伸者上体后屈至 90 度以下，静力性拉伸腰部。

8．体后屈翻转拉伸练习

预备姿势：练习者面对面站立，两脚自然开立，两人体前双手互握。

动作做法：1—4 拍：两人同时外侧脚向后迈步，上体后屈抬头挺胸，两臂上举。5—8 拍：两人上体经后屈翻转 360 度，至预备姿势。

9．练习提示

体侧屈拉伸练习，身体保持在同一平面。弓背拉伸，注意含胸弓背送髋，身体成抱球状，同时两人向外相对用力。

双人配合拉伸练习，重点在帮助者应掌握正确的站位、重心和用力方法，按正确要领帮助被拉伸者完成拉伸练习。如背人拉伸练习，帮助者手扶被拉伸者的上臂，双脚开立稍宽于肩，屈膝降低重心，依臀、背和手顺序发力，含胸弓背顶起被拉伸者，被拉伸者顺势抬头展体，放松身体。

双人配合下桥拉伸，帮助者两脚开立稍宽于肩，双手扶在被拉伸者的腰部，帮助被拉伸者保持平衡。向下振动时要循序渐进，逐渐加大幅度。双人拉伸练习，重要一方为帮助者，双方应默契配合，协调用力。

（四）双人配合下肢拉伸训练

1．双人配合前压腿拉伸练习

前压腿。预备姿势：练习者面对面、脚对脚坐立，双手互握。如柔韧相对较差的被拉伸者，帮助者（男）可屈腿坐立。

动作做法：1—8 拍：帮助者向后用力拉住对方的双手，被拉伸者上体前屈，在同伴助力帮助下完成前压腿练习。然后，两人交换位置，完成前腿拉伸练习。

2．双人配合侧压腿拉伸练习

侧压腿。预备姿势：练习者两腿分开面对面、脚对脚坐立，双手互握。如柔韧相对较差的被拉伸者，帮助者（男）可屈腿坐立。

动作做法：1—8 拍：帮助者向后用力拉住被拉伸者双手，被拉伸者上体前屈，在同伴助力帮助下完成侧压腿练习。然后，两人交换位置，完成侧腿拉伸练习。

3. 双人配合后压腿拉伸练习

后压腿。预备姿势：被拉伸者左腿单膝跪撑，右腿伸直后举；帮助者右腿单膝跪地，将被拉伸者大腿扛于肩上，双手扶于腿后部。

动作做法：1—8 拍：帮助者肩部向上用力，同时双手向下压，将被拉伸者的腿部向上抬起，完成后压腿练习。然后，两人交换位置，完成后腿拉伸练习。

4. 练习提示

被拉伸者随着帮助者的用力程度，顺力屈体送肩，默契配合完成拉伸练习，避免与帮助者产生对抗力。拉伸练习可随节拍或音乐节奏练习，动力性与静力性交替练习。

压腿时，帮助者根据被拉伸者的柔韧基础，逐渐用力拉伸被拉伸者下肢肌群的韧带。

（五）双人配合踢腿训练

1. 双人配合前踢腿拉伸练习

预备姿势直立。

动作做法：1 拍：左脚向前一步，同时两臂侧举。2 拍：向前踢右腿，同时两手于腿下击掌。3 拍：右脚后撤一步，同时两臂侧举。4 拍：左脚与右脚并拢，还原成直立。5—8 拍：换右脚完成 1—4 拍动作。连续完成四个八拍的前踢腿动作。

2. 双人后踢腿拉伸练习

预备姿势：屈膝，两臂伸直于体前交叉。

动作做：1—2 拍：左腿后摆，右腿伸直，同时身体后展，两臂经侧后摆。3—4 拍：还原至预备姿势。5—8 拍：换右脚完成 1—4 拍动作。连续完成四个八拍的后踢腿动作。

3. 练习提示

后踢腿时，大腿用力向后上方摆动，腿伸直，同时立腰展体，身体保持平衡。

踢腿时，脚背、膝盖绷直，脚背带动腿向上加速摆起，同时收腹拔腰，支撑腿顶直，腿有控制地下落。

第二节　力量素质训练

力量是指身体或身体某部位用力的能力，是肌肉收缩时表现出来的。力量素质是指人体神经、肌肉系统工作时克服或抗阻力的能力。有力量的人在形体艺术训练中速度快、控制力强；力量差的人在练习时控制力差，不能稳健地完成动作。因此，力量素质是形体艺术训练不可缺少的素质内容之一。

力量是形体训练中重要的身体素质之一，是保持体型匀称、健美的基础和条件。力量素质练习对于增强锻炼者的肌肉力量、降低脂肪含量和健美体型具有重要的作用和意义。

一、力量素质训练具体部位

（一）上肢力量训练

1．预备姿势

预备姿势：俯卧，两臂弯曲，两手在胸侧两旁撑地。

2．动作做法

动作做法：两臂撑直，上体后仰，胸、腰、背成最大反弓形，控制4秒，然后还原成预备姿势。

3．动作要求

动作要求：两臂俯撑时，两腿伸直并拢，上体用力向后弯曲并抬头。

4．教学方法

教学方法：重复练习10～16次。

（二）躯干力量训练

1．预备姿势

预备姿势：仰卧，两腿屈膝并拢，两臂侧举。

2. 动作做法

动作做法：上体用力收腹抬起，胸碰大腿，两手抱膝，然后还原成预备姿势。

3. 动作要求

动作要求：仰卧起时，挺胸、立腰、拔背、梗头；还原时要有控制地回落。

4. 教学方法

教学方法：重复练习 15～20 次。

（三）下肢力量训练

1. 预备姿势

预备姿势：站立。

2. 动作做法

动作做法：原地双脚连续跳，两臂于体侧区摆动。

3. 动作要求

动作要求：双脚跳起腾空时，身体与地面垂直，两腿伸直并拢，绷脚面，落地时要缓冲。动作协调连贯。

4. 教学方法

教学方法：双脚连续跳重复 50 次。

（四）力量素质训练的注意事项

1. 力量素质的发展要全面而有所侧重

在发展力量素质的过程中，一方面应锻炼和提高肢、腰、腹、背等部位的大肌肉群和主要肌肉的力量；另一方面也应考虑发展薄弱的小肌肉群的力量。

2. 力量练习时需全神贯注

肌肉活动是在中枢神经系统的协调下进行的，学生在训练时应当注意力高度集中。训练具有一定的强度、负荷，应避免肌肉放松造成的损伤。

3. 力量练习后要使肌肉充分放松

当完成一定负荷的力量练习后，肌肉会充血，这时应适当地做一些拉伸和放松练习，或做抖动和按摩放松肌肉，可快速消除疲劳，也可保持肌肉的弹力和收缩速度。

4. 注意正确的技术动作和规格

每一个练习动作、组合都必须按照规格要求去完成，才能真正发展肌肉群的力量，正确地影响身体形态。技术动作变形会造成参与活动的肌肉群产生变化，影响训练效果，造成错误的肌肉线条和体形。

二、耐力素质训练

耐力素质是指机体在长时间进行工作或运动中克服疲劳的能力，也是反映人体健康水平或体质强弱的一个重要标志。耐力训练应当循序渐进，以一定的训练时间、距离和数量为起点，逐步加长时间和距离，再提高至接近“极限负荷”。耐力训练需要注意呼吸，需摄取发展耐力的必要氧气。

无氧耐力训练需以有氧耐力为基础，建立在有氧耐力提高的基础上。耐力训练不仅是身体方面的训练，也是意志力培养的过程。

（一）耐力素质训练

1. 跑步训练

跑步训练，如各种形式的长时间跑，如持续跑、变速跑、间歇跑等。

2. 周期性运动训练

周期性运动训练，如游泳、骑自行车、滑冰、划船等。

3. 趣味游戏训练

趣味游戏训练，如两人三足、撕名牌游戏等长时间的游戏及循环练习。

（二）发展耐力素质的方法和注意事项

1．遵循生长发育规律

耐力素质训练要遵循人体生长发育规律。以心率指标作为判断耐力训练负荷强度的标准。

2．进行耐力训练时注意要素

在进行耐力训练时要注意呼吸方法、节奏和深度。

3．激发潜能和兴趣

注意激发学生的主动性，培养学生吃苦耐劳、坚韧不拔的意志，增强其练习的兴趣与信心，使其主动投入到训练当中去。

4．严格要求

发展耐力素质时必须严格要求，使学生在长时间训练时，始终保持正确、协调的要求，只有机体在每次训练中达到极限才能达到较好的训练效果。

5．及时休息

进行练习后需要及时消除疲劳感，为下一次训练创造良好的机体条件。

三、跳跃

跳跃的方式方法很多，但无非都是为了突出离心力，短暂的摆脱地球对人体的引力的局限，在这个练习中，让学生在肌肉的控制力中，体现爆发力，在爆发力中找到重心的移动，找到离心力后又回到重心。

（一）单一性跳跃

1．特点和目的

特点：着重训练腿部的肌肉能力，找到跳跃时借地发力的原理。目的：通过单一的跳跃训练，提高自身的爆发力。

2．方法

方法：准备一双脚冲前与肩同宽直立站好，调整状态全身放松。身体对一方向。双手带动身体，腿半蹲向上跳跃，在空中手与肩齐平，身体保持直立。双手带动身体，以左脚为主力腿跳跃。

右腿在空中伸直与身体成 90 度，左腿弯曲回来，双手向上，身体保持直立。

（二）移动性跳跃

1．特点和目的

特点：在跳跃中移动重心，强调身体在跳跃中的协调性。目的：训练跳跃能力的同时，强调身体的控制力，以及重心的移动。

2．方法

方法：右脚上步跳跃，双手带动身体变化方向，左脚随着变化，每个方向做一次，以跑步姿态出现，将跑的因素改成跳，跑跳完两步，接着跳起，两腿往回收，双手带着向上。

（三）节奏变化中的跳跃

1．特点和目的

特点：利用呼吸对跳跃进行不同节奏的处理。目的：运用呼吸来训练跳跃的节奏变化。

2．方法

方法：原地起跑步状跳跃，手随身体前后摆动，前两次跳跃匀速运动四拍一次，后两次跳跃起跳时加上爆发力，一拍跃起。而后缓慢收回。

面对一方向，双手带动身体，腿半蹲向上跳跃，在空中手与肩齐平，身体保持直立，四拍完成。然后沿顺时针方向运动，一拍一个方向完成该动作。

（四）强调连接中的跳跃

1．特点和目的

特点：对单一跳跃的复合练习。目的：将单一的跳跃连接成复合性跳跃，练习跳跃到另一跳跃的流畅性及用力方式。

2. 方法

方法：双脚起跳，利用双臂向上带起，在空中收腿低头含胸；落地后，上右脚起跳，双手带起至头顶，吸起右腿，左腿伸直。

上右脚起跳，双手带起至头顶，吸起右腿，左腿伸直，落地后，双手向后带起至头顶，双脚带动身体向后起跳。

双脚带动身体向左起跳，双手从身旁带起至头顶，落地后，左脚起跳，右脚向右跳出，身体在空中保持“大”字状态。

（五）强调技巧中的跳跃

上右脚起跳，双手带起至头顶，吸起右腿，左腿伸直。落地后，双脚起跳，双手向身体两侧划圆至头顶带起身体向左旋转一周。

双手向后带起至头顶，双脚带动身体向后起跳，落地后，右脚向前上步，左腿起跳抬起至 90 度时，双手带起身体向右旋转 180 度。

向前上左脚起跳，吸右腿，双手向左带起身体旋转 360 度，在空中双腿与膝盖齐平吸住。

（六）综合性跳跃练习组合

准备——双脚冲前与肩同宽直立站好，调整状态全身放松。身体对八方向。

第一个八拍前两拍动作——左脚上步，右脚向前迈步跳跃，双手向后带起 15 度，在空中身体保持直立向上，

第一个八拍三四拍动作——重复第一个八拍前两拍动作，变为右脚上步，左脚起跳，双手向前带起 45 度。

第一个八拍后四拍动作——双脚起跳，利用双臂向上带起，在空中收腿低头含胸。

第二个八拍前四拍动作——上右脚起跳，双手带起至头顶，吸起右腿，左腿伸直。

第二个八拍后四拍动作——上左脚起跳，双手带起至头顶，吸起左腿，右腿伸直。

第三个八拍前四拍动作——腿半蹲向上跳跃，双手带动身体，头看天空，两腿呈马蹄状态。

第三个八拍后四拍动作——双脚起跳，双手带动向后划圆带动身体向后跳跃。

四、轻器械阻抗训练

力量素质是指身体或身体某部位肌肉工作时克服阻力的能力。在形体训练中，增强肌肉力量、健美体型的主要方法为阻抗练习。阻抗练习主要分为两大类：一类是克服自身体重（或某部位身体重量）的练习，如俯卧撑、支撑类等练习；另一类是克服外部器械阻力的练习，如哑铃、弹力带、沙袋等练习。

每一种练习的次数、组数、节拍或支撑控制的时间代表了练习的负荷量与强度。以下介绍的发展力量的阻抗练习，是针对在校学生的体质特征、年龄特点以及校园特殊的生活环境和条件而设计的，包括发展身体各主要部位肌肉群的练习。

各种练习应用科学的方法，通过增强肌肉力量并发达肌肉形态来改变身体的外观及内质。本内容选择了适宜在校园中健身的轻器械，如弹力带、哑铃、沙袋等。

（一）弹力带阻抗练习

弹力带是一种带状的新兴健身器材，由橡胶构成，又称为阻力带。弹力带具有高弹性，且弹力持久、重量轻可折叠、阻力来源非地球引力等特性。因此，弹力带训练方式更为灵活，运动肌群更细微。

根据弹力带的厚度分为不同负荷等级强度，弹力带越厚代表负荷强度越大。因此，不同性别及不同运动基础的练习者，可选择不同厚度的弹力带进行锻炼。随着练习程度、力量、协调性以及运动能力的提高，可通过更换较高一级负荷的弹力带来增强训练强度，提高锻炼效果。

弹力带健身操作为一种新兴锻炼方式，是一种在有氧状态下，手持弹力带进行的健身操阻抗练习。该练习以其新颖独特的方式，实现了“有氧、阻抗、协调”的兼容性，对练习者的肌肉力量、有氧耐力以及关节活动幅度、灵活性和身体平衡能力等具有良好的锻炼效果。

1．握带方法

五指握带两端。动作要领：五指用力握住弹力带两端，四指并拢，拇指压住四指中段关节。

四指由内握带。动作要领：四指并拢用力向内握带，拇指压住四指中段关节。

三指由内、食指和拇指由外并掌夹带。动作要领：中指、无名指和小拇指伸直与食指夹带，食指与拇指在带的外侧，五指并拢伸直成掌。

三指由内、食指和拇指由外握带。动作要领：中指、无名指和小拇指并拢由内侧用力握带，食指和拇指在带的外侧用力握带，拇指压住四指中段关节。

拇指在内，四指由外向内绕环一周后握带。动作要领：拇指伸直勾带，五指并拢，双手以腕关节为轴向外侧绕环一周握带，拇指压住四指中段关节。

2. 练习提示

学习弹力带动作，从掌握正确的握带方法开始，建立正确的握带方式。注意握带的位置和带长的控制。应根据身高或能力水平握在带的适当位置。

3. 弹力带健身组合

伸展动作组合。练习目的：舒展身体，拉伸并锻炼肩胸部位肌群，增强肩关节及韧带力量，防止损伤。

预备姿势：直立，手掌向内缠绕带一周握带，两臂体前下举。

动作做法：1—2 拍：左脚向左前方迈步支撑站立，两臂摆至上举，展体，掌心向外，带拉直。3—8 拍：向后展体振肩 3 次。1—4 拍：两臂经前绕肩至后下举，抬头挺胸，掌心向下，带拉直。5—8 拍：两臂从后绕肩至前下举。

1—2 拍：左脚向左前方迈步支撑站立，两臂摆至上举，展体，掌心向外，带拉直。3—4 拍：左腿支撑站立，右腿提膝至 90 度，两臂摆至下举。5—6 拍：右脚后伸点地，同时两臂摆至上举，展体。7—8 拍：同 3—4 拍动作。

1—2 拍：左腿支撑站立，右腿提膝至 90 度，两臂摆至下举。3—4 拍：右脚后伸点地，同时两臂摆至上举，展体。5—6 拍：同 1—2 拍动作。7—8 拍：左脚并于右脚成直立，两臂下举。

4. 练习提示

向后展体时要充分将带拉直，肩胸用力。可换反方向练习动作，多次重复，充分发展肩部力量。单腿站立时，注意收腹、拔腰，重心保持稳定，并均衡发展平衡能力。

5. 胸背阻抗动作组合

练习目的：锻炼背阔肌和肩带肌，增强肩背部位的肌肉力量，发展上肢协调性。

预备姿势直立，手掌向内缠绕带一周后握带，两臂体前下举。

动作做法：1—2 拍：两腿屈膝，两臂拉带至侧举。3—4 拍：两腿伸直，同时两臂还原至前举，拳心向下。5—8 拍：同 1—4 拍动作。

1—2 拍：左脚向侧迈成左弓步，两臂拉带至左臂胸前平屈、右臂侧举，拳心向下，目视右手。3—4 拍：收左腿还原，同时两臂还原至前举，拳心相对。5—8 拍：同 1—4 动作，动作方向相反。5—8 拍两手由外向内绕出带同时给上绕至背部，两臂侧举。

1—2 拍：两腿屈膝，同时两臂拉带至前举，拳心相对。3—4 拍：两腿还原，同时两臂打开至侧举。5—8 拍：同 1—4 拍动作，两腿伸直并拢。

1—2 拍：左脚向前方迈步成半蹲，同时两臂拉带至前举，拳心相对。3—4 拍：还原。5—8 拍：同 1—4 拍动作，换右脚向前成半蹲。

1—2 拍：左脚向左迈一步，两臂拉带至侧举。3—4 拍：身体左 90 度，同时两臂拉带至前举，两腿成前后开立。5—6 拍：左腿屈膝成左弓步，同时两臂打开至侧举。7—8 拍：身体右转 90 度，同时收左脚还原，两臂自然下垂。

6. 练习提示

1 ×8 手掌缠绕带动作清晰、正确，两臂拉带时肩背发力，沿水平移动，并有控制地还原。

5 ×8 以胸部带动发力，双臂伸直、扩展，用力均匀缓慢，并有控制地还原。迈步半蹲时，重心前移至两腿之间。

7. 上肢阻抗动作组合

练习目的：锻炼臂部和肩带肌，增强上肢力量，发展协调性、灵活性。

预备姿势：两手将带一端分开，成“垂直倒三角”，左右脚依次由带内踩带成开立，左手“四指由内握带”于体前侧下举，拳心向上，右手叉腰。

动作做法：1—2 拍：左腿屈膝成左弓步，同时左臂屈肘至 90 度，目视左手。3—4 拍：还原。5—8 拍：同 1—4 拍动作。

1—4 拍：同上的 1—4 拍。5—8 拍：右脚出带向后迈一步，左腿屈膝，同时两臂至侧下举，两手由内向外握带。

1—2 拍：两大臂上提至体侧屈臂，上臂抬平，前臂与地面垂直。3—4 拍：还原。5—8 拍：同 1—4 拍动作。

1—4 拍：同上的 1—4 拍。5—8 拍：右脚向前迈一步踩带“同时右手”四指由内握带”于体前侧下举，拳心向上，左手叉腰。

8. 练习提示

上提带时，上臂肱三头肌向上发力，身体稍向前倾，但控制躯干，保持平衡，还原时手臂用力控制带。

可多次重复，加强弱势上肢练习。控制次数，分组进行练习。练习结束后注意对上肢进行放松与拉伸。向上屈臂时，上臂保持不动，肱二头肌发力，控制节奏，匀速发力。

9. 腰腹阻抗动作组合

练习目的：锻炼腰腹肌群，增强肌力，紧实腰肌，提高腰部灵活性，预防并缓解腰酸背痛，健美体型。

预备姿势：两腿开立，右脚踩带，右手握带，两臂在体侧自然下垂。

动作做法：1 拍：两腿屈膝，两臂胸前立屈，双手握拳，同时上体向左转 45 度。2 拍：两腿屈膝，两臂胸前立屈，双手握拳，同时上体向右转 90 度。3—4 拍：同 1—2 拍动作。5—6 拍：两腿屈膝，两臂胸前立屈，双手握拳，同时上体慢速向左转 45 度。7—8 拍：还原成预备姿势。

1—4 拍：两手至右侧握带，身体向左转 180 度。成左弓步，同时两臂向左侧拉带至前侧举、慢速转体。5—6 拍：身体继续向左振转一次。7—8 拍：还原。

1—2 拍：两腿开立，同时右臂屈肘至体侧立屈，拳心向内，左手叉腰 3—4 拍：右臂伸直上举，贴于耳侧。5—6 拍：上体向左侧屈，右臂控制不动。7—8 拍：还原。

1—4 拍：同上的 5—8 拍动作。5—8 拍：身体向左转 90 度，两腿开立，两手握带上举，拳心向前。

1—4 拍：左腿屈膝成左弓步，同时上体前屈接近水平位置，两臂控制不动。5—8 拍：还原。

1—4 拍：左腿屈膝成左弓步，同时上体前屈接近水平位置，两臂控制

不动。5—8 拍：上体直立，同时重心前移至左腿支撑站立，右脚脚尖点地，两臂上举。

1—2 拍：左腿支撑站立，右腿后举、勾脚尖，腿稍向外展。3—4 拍：右腿下压带至前脚掌点地。5—8 拍：同 1—4 拍动作。

1—2 拍：左腿支撑站立，右腿后举、勾脚尖，腿稍向外展。3—4 拍：右腿下压带，前脚掌点地。5—8 拍：两臂屈臂将带经左肩压至胸前。

1—2 拍：左腿支撑站立，右腿前举、勾脚尖，腿稍向外展，同时上体向右转 45 度，两臂胸前平屈。3—4 拍：右腿下压带至后侧，前脚掌后点地，同时上体向左转 45°还原。5—8 拍：同 1—拍动作。

1—2 拍：左腿支撑站立，右腿前举、勾脚尖，腿稍向外展，同时上体向右转 45 度，两臂胸前平屈。3—4 拍：右腿下压带至前脚掌后点地，同时上体向左转 45°还原。5—8 拍：右转 90 度，同时右脚出带，两腿开立，成左脚踩带，左手握带，两臂在体侧自然下垂。

10. 练习提示

转体时腰部发力，速度控制均匀，还原时手臂用力控制带，两脚踩稳带，防止脚后跟离地。

体侧屈时腰部发力，手臂上举时伸直、贴于耳侧控制不动，重心在两腿之间。

上体前屈速度均匀、腹背发力，手臂控制带不动。单脚支撑时重心保持平稳。

腿匀速上抬和下压，臀肌夹紧，身体保持舒展和平稳姿势。可做反方向练习。

11. 下肢阻抗动作组合

练习目的：发展下肢肌力和弹跳力，提高身体协调性和平衡能力。

预备姿势：两脚开立，踩于带上，两手将带转成“8”字形，双手由外向内握带，两臂自然下垂至体侧。

动作做法：1—2 拍：左脚向侧一步，同时两臂提至胸前平屈、拳心向下。3—4 拍：右脚并于左脚，同时两臂下压至下举，拳心向下。5—8 拍：同 1—4 拍动作，动作方向相反。

1—2 拍：左腿提膝至 90 度，两臂同时将带拉直下压至侧下举。3—4 拍：左腿还原，两臂抬至前举。5—8 拍：同 1—4 拍动作。

1—2 拍：从预备姿势开始，并腿跳起、分腿落，同时两臂抬至胸前平屈。3—4 拍：还原。5—8 拍：同 1—4 拍动作。

1—4 拍：原地并腿蹦跳 4 次，同时向左转体 360 度，两臂胸前平屈。5—6 拍：并腿跳起，分腿落地，同时两臂抬至胸前平屈。7—8 拍：并腿还原。

12. 练习提示

带呈“8”字形侧向移动时膝关节伸直，大腿外侧肌肉发力向侧移动。提膝手臂下压动作时，脚面绷直，大腿与小腿约成90度。跳起落地时，前脚掌先落地再过渡到全脚，膝关节自然屈膝缓冲。

（二）哑铃阻抗练习

哑铃是一种最为简便和普及的健身健美练习器材，其体积较小，随时随地都可以进行练习。在日常生活中，每个人都可以根据自己的需要，选用不同重量的哑铃进行锻炼，以增强上肢及腰腹部位的力量，健美体型。一般情况下，男性宜选择2—2.5kg的哑铃，女性宜选择1—1.5kg的哑铃进行练习。

1. 弯举

练习目的：发展肱二头肌及肩部肌群。

预备姿势：站姿或坐姿，双手持哑铃，掌心向上，上臂贴紧上体。

练习方法：上臂不动，前臂向上抬起，屈肘将哑铃举至胸前，再放下回原位。两臂同时或交替练习。

男性连续完成20—25次为1组，完成2—3组；女性连续完成10—15次为1组，完成2—3组。

动作要领：匀速完成屈、伸动作，有控制地放下。上体保持正直，不要随动作前后摆动。

2. 直臂扩胸

练习目的：发展胸大肌、背阔肌及肩部肌群。

预备姿势：站姿或坐姿，双手持哑铃成直臂前平举，掌心相对。仰卧者可直臂上举。

练习方法：双手同时向两侧水平扩展，保证双臂在身体所在平面内，成扩胸姿势，然后回收至前平举。

可改变动作速度练习：快速连续扩展回收，慢速连续扩展回收，连续快展慢收，连续慢展快收。

男性连续完成15—20次为1组，完成3—4组；女性连续完成10—15次为1组，完成2—3组。

动作要领：上体正直，两臂均衡发力，有控制地扩展、回收，保持手臂的水平高度。

3．屈臂提拉

练习目的：发展肩胛提肌、肘肌及肩背肌群。

预备姿势：自然站立，两脚比肩稍宽，双手持哑铃自然下垂，掌心向内。

练习方法：两臂用力向上屈肘提拉，上臂接近肩部高度，然后回到初始位置。可以站立或俯身姿势，两臂同时或交替练习。

可改变动作速度练习：快速连续上提放下，慢速连续上提放下，连续快提慢放，连续慢提快放。

男性连续完成 20—25 次为 1 组，完成 2—3 组；女性连续完成 10—15 次为 1 组，完成 2—3 组。

动作要领：上体正直，肩及上臂用力，沿体侧有控制地完成练习，避免上体随屈伸动作节奏做出挺身或侧屈的附加助力动作。

4．俯身扩胸

练习目的：发展背阔肌及肩背肌群。

预备姿势：俯身站立，双手持哑铃自然下垂，掌心相对。

练习方法：两臂伸直向两侧扩展至水平，然后还原。可匀速练习，也可改变动作速度完成练习，快速连续扩展放下，慢速连续扩展放下，连续快展慢放，连续慢展快放。

男性连续完成 10—15 次为 1 组，完成 3—4 组；女性连续完成 10—15 次为 1 组，完成 2—3 组。

动作要领：身体及腿的姿势固定不动，两臂有控制地扩展至水平位置，并有控制地还原至下举。

5．俯身划船

练习目的：发展三角肌及背阔肌。

预备姿势：俯身站立，双手自然下垂持哑铃，掌心向内。

练习方法：两臂同时用力，左臂向前、右臂向后摆动至水平位置制动，然后两臂回落至下举，接着右臂向前，左臂向后摆动至水平位置制动。两臂匀速摆动练习，也可改变动作速度完成练习，快速连续摆动，慢速连续摆动。

男性连续完成 20—25 次为 1 组，完成 2—3 组；女性连续完成 10—15 次为 1 组，完成 2—3 组。

动作要领：身体及腿保持固定姿势不动，两臂伸直用力，有控制地沿直线匀速或变速摆动。

6. 臂屈伸上举

练习目的：发展臂力及肩部肌力。

预备姿势：站姿或坐姿，双手屈臂持哑铃于肩部，掌心向内。

练习方法：两臂同时或依次向上推举至手臂伸直上举，然后还原。男性连续完成15—20次为1组，完成2—3组；女性连续完成10—15次为1组，完成2—3组。

动作要领：身体正直，匀速而有控制地完成两臂屈伸推举动作。

7. 颈后臂屈伸

练习目的：发展肘肌和臂部肌力。

预备姿势：站姿或坐姿，双手握哑铃直臂上举。

练习方法：上臂保持不动，两前臂向后向下屈肘，然后用力上举还原。可两臂同时或交替练习。

男性连续完成15—20次为1组，完成2—3组；女性连续完成10—15次为1组，完成2—3组。

动作要领：上体正直，控制不动，屈肘时，固定住上臂，匀速而有控制地屈伸前臂，稍低头。

8. 体侧屈臂屈伸

练习目的：发展腰肌、臂力及腹背部肌群。

预备姿势：两脚比肩稍宽自然站立，双手持哑铃垂于体侧，掌心向内。

练习方法：身体向右侧屈，同时右臂向下伸展，左手向上屈肘提拉，然后还原，接着反方向做此动作。两臂依次完成练习。

男性连续完成15—20次为1组，完成2—3组；女性连续完成10—15次为1组，完成2—3组。

动作要领：身体侧屈和屈肘动作保持在同一平面上，幅度尽量大，防止上体前倾。有控制地完成躯干和两臂屈伸的动作。

9. 平推

练习目的：发展臂力和肩部肌群。

预备姿势：两脚比肩稍宽自然站立，双手持哑铃，屈肘控制于胸侧部位，掌心相对。

练习方法：一手沿直线推出，手臂伸直至前举，然后还原，换另一臂完成练习。两臂交替完成平推练习。

男性连续完成15—20次为1组，完成2~3组；女性连续完成10—15次为1组，完成2—3组。

动作要领：上体正直，两臂匀速屈伸用力，沿水平线有控制地屈伸。平推时身体可稍微转动，并掌握好动作节奏。

10. 直臂抓举

练习目的：发展背肌力和臂力。

预备姿势：两脚比肩稍宽自然站立，上体前屈，两臂手持哑铃向下伸直。

练习方法：两臂伸直，随身体地抬起向前、向上举起哑铃，至最高点停住，同时身体展直，然后还原。男性连续完成10—15次为1组，完成2—3组。

动作要领：手臂始终伸直，腰部开始用力带动手臂，完成展体、抬臂上举动作，躯干和两臂有控制地匀速上下运动，身体充分展开。

11. 抬腿提铃

练习目的：发展髂腰肌、大腿肌群。

预备姿势：两脚与肩同宽自然站立，双手持哑铃放置于大腿中部，掌心向下。

练习方法：左腿屈膝抬至水平，左手将哑铃放置腿上，使大腿承受哑铃的重力，然后还原。两腿交替，匀速完成练习。

改变动作速度练习：快速连续抬起放下，慢速连续抬起放下。还可改变动作幅度练习，小幅度抬腿提铃，大幅度抬腿提铃。

男性连续完成15—20次为1组，完成2—3组；女性连续完成10—15次为1组，完成2—3组。

动作要领：上体正直，收腹立腰，重心控制稳定，腹肌和大腿用力抬起哑铃，手臂只起扶握作用。

12. 提铃纵跳

练习目的：发展腿部力量。

预备姿势：两脚与肩同宽自然站立，双手在体侧持哑铃。

练习方法：稍屈腿下蹲，然后蹬地向上跳起，落地稍屈膝缓冲，反复练习。男性连续完成20—30次为1组，完成2—3组；女性连续完成10—15次为1组，完成2—3组。

动作要领：两手握紧哑铃，身体立直并控制稳定，两腿蹬伸充分，有节奏地跳起和下落。

13. 练习提示

锻炼目的明确。练习者应明确每一个练习发展哪个部位的肌肉，并按照正确要领完成哑铃阻抗练习。男性练习重点为上肢肌和胸背肌，女性为腰腹肌。

做好准备活动与放松拉伸。为避免肌肉拉伤或扭伤，练习前应做热身性的慢跑、肢体拉伸等练习。

哑铃练习应循序渐进，随着力量的增强，逐渐增加哑铃重量或增加动作重复次数，延长练习时间。负重练习后肌肉疲劳、僵硬，可做一些小跑跳、拉伸、抖动动作来缓解肌紧张，消除疲劳。

哑铃属于硬器械运动，练习时应注意安全。首先，练习前检查器械，练习时注意力集中，按正确的方法、动作要领和要求完成练习，防止器械滑落。此外，练习时还应顾及周边环境，以免碰伤他人或损坏物体。

每项练习中提供的练习次数和组数，仅作为参考。具体的运动量与强度，需要根据个人的身体条件、运动基础和练习时间等客观情况做相应的调整。

（三）沙袋练习

一般情况下，男性宜选择2—3kg的沙袋，女性宜选择1—2kg的沙袋进行练习。

1. 登山步

练习目的：增强大腿股四头肌及臀部肌肉力量。

预备姿势：左腿在前，弓步站立，上体稍前倾，左臂屈肘后摆，右臂屈肘前摆。

练习方法：左腿屈膝支撑站立，右腿后蹬地并向前提膝抬起至平行位置，同时左、右臂屈肘前后摆动，右腿还原。可四拍一动，连续慢速完成八个八拍动作；也可两拍一动，连续完成四个八拍动作；还可一拍一动，连续快速完成一至两个八拍。两腿交替练习。

动作要领：膝关节带动腿前摆，向上充分吸腿，支撑腿膝关节伸直，逐渐加大动作幅度。

2. 负重踢腿

练习目的：前踢腿：发展髂腰肌、腹肌、股四头肌力量。侧踢腿：发展髂腰肌：腰肌、大腿内侧肌肉力量。后踢腿：发展背肌、臀大肌、大腿后群肌肉力量。

预备姿势：将沙袋固定于脚踝，两腿并拢站立。

练习方法：向前（侧）踢腿：右腿向前迈步支撑站立，两臂侧平举，左腿快速向前（侧）踢起，至水平位或以上高度，然后左腿下落退一步，右脚与左脚并拢至预备姿势。两腿交替练习。

向后踢腿：两腿并立半蹲，两臂于体前交叉前下举，左腿向后上方摆起，两腿伸直，同时向后展体，两臂顺势向侧后方摆动，然后还原至预备姿势，两腿交替练习。

负重踢腿练习不仅可原地或迈步向前、向侧或向后练习，还可行进间或结合小跳完成练习。也可通过改变动作速度练习，有节奏地连续踢腿练习，慢节奏结合控腿完成练习。

男性按节奏完成 16—24 次为 1 组，完成 2—3 组；女性连续完成 8—12 次为 1 组，完成 2—3 组。

动作要领：上体保持正直，大腿发力，脚带动腿摆起，腿伸直并有控制地回落。腿向侧摆起时，脚背、膝盖向上。注意加强左腿练习。

3. 仰卧举腿

练习目的：发展腹肌、髂腰肌和大腿肌力。

预备姿势：将沙袋固定于脚踝，直体仰卧。

练习方法：两腿膝关节伸直，向上收腹抬腿至垂直位置，然后缓慢放下还原反复练习。可仰卧举单腿，也可仰卧举双腿。

还可变化动作速度练习：有节奏地匀速举腿放下，连续快举慢放，连续慢举慢放（单腿交替完成或双腿完成）。

男性连续完成 15—20 次为 1 组，完成 2—3 组；女性连续完成 10—15 次为 1 组，完成 2—3 组。

动作要领：腿抬起或落下时膝关节伸直，腰腹肌用力，腿有控制地下落。

4. 负重仰卧起坐

练习目的：发展腹部肌群力量。

预备姿势：将沙袋固定于手腕，仰卧，双手平展或抱头。

练习方法：收腹，上体抬起至45°控制不动，然后仰卧还原，反复练习。仰卧抬上体时可直膝或屈膝，也可结合转体完成。

男性连续完成30—40次为1组，完成2—3组；女性连续完成20—30次为1组，完成2—3组。

动作要领：双手扶头后部，腹部用力，上体有控制地抬起和下落。

5. 负重两头起

练习目的：发展腹肌及髂腰肌群。

预备姿势：将沙袋固定于脚踝，仰卧，两臂上举。

练习方法：收腹向上举腿，同时抬上体，双手触脚，然后放松还原，反复练习。可仰卧坐起举双腿练习，也可交替举单腿完成练习，可大幅度完成练习（手触脚背），也可小幅度完成练习（手触膝关节）。

男性连续完成30—40次为1组，完成2—3组；女性连续完成15—20次为1组，完成2—3组。

动作要领：腹肌用力，上体和两腿伸直并协调用力抬起，并有控制地还原，控制好身体平衡。

6. 负重跳跃

练习目的：发展腿部肌力。

预备姿势：将沙袋固定于脚踝，双脚与肩同宽站立。

练习方法：屈膝半蹲同时向后引臂，接着蹬地跳起并向上摆臂，然后落地，反复练习。可以不同的形式完成跳跃练习，如可单脚跳、双脚跳（并腿跳、分腿跳），深蹲跳、浅蹲跳，向前跳或跳台阶等。男性连续完成30—35次为1组，完成2—3组；女性连续完成20—25次为1组，完成2—3组。

动作要领：蹬伸充分，落地稍屈膝缓冲，手臂协调配合用力摆动。

7. 后踢小腿跑

练习目的：发展小腿肌群和大腿后群肌力。

预备姿势：将沙袋固定于脚踝，自然站立。

动作做法：以跑步姿势，两腿交替蹬地跳起，小腿向后折叠踢小腿，然后还原，反复练习。该练习还可以俯卧姿势，完成向后折叠踢小腿练习。男性连续完成30—40次为1组，完成2—3组；女性连续完成20—30次为1组，完成2—3组。

动作要领：小腿后踢动作保持一定的节奏，尽可能后踢并触及臀部。

8. 负重提踵

练习目的：发展小腿肌力及踝关节肌群。

预备姿势：将沙袋固定于脚踝，自然站立。

练习方法：两腿并拢伸直，上体保持不动，踝关节用力，脚跟提起至最高点，控制不动，然后还原，反复练习。

该练习还可以单足立踵练习、立踵行走练习、半蹲立踵行走练习。原地双足立踵练习，男性连续完成30—40次为1组，完成2—3组；女性连续完成20—30次为1组，完成2—3组。

动作要领：立踵时，踝关节发力，收腹立腰，身体控制稳定。提踵练习后，及时做小腿肌群的拉伸和放松练习。

9. 练习提示

根据自身体能状况，选择适宜的器械重量。如随着力量的增强，逐渐增加沙袋重量或增加动作重复次数，延长练习时间。

注重弱势侧如左臂、左腿的想，并注意按正确要领完成每一项练习。可在音乐配合下，有节奏地完成沙袋阻抗练习，以增加练习的兴趣和效果。

每项练习中提供的练习次数和组数，仅作为参考。具体的运动量与强度，需要根据个人的身体条件、运动基础和练习时间等客观情况做相应的调整。

（四）徒手力量练习

1. 平板支撑

练习目的：增强腹背部核心力量，提高身体控制和平衡能力。

预备姿势：屈臂，肘关节成90°俯撑，一腿伸直支撑，另一腿屈膝跪地准备。

练习方法：屈臂俯撑，两腿并拢伸直，身体夹紧，使身体保持在一个平面，脊柱拉长，保持静止姿态。男性静控30s至1min为一组，完成3——4组；女性静控20s至30s为一组，完成2——3组。可逐渐延长时间。

动作要领：保持身体水平，收腹顶腰，防止出现塌腰屈膝动作。

2. 侧平板支撑

练习目的：增强腹内斜肌、侧腰肌和大腿外侧肌力量，减少侧腰、大腿外侧多余脂肪，提高身体控制能力。

预备姿势：侧卧于垫上，屈臂，肘关节成 90 度。成侧撑，双手自然贴于体侧，两腿伸直并拢，与臀部、上体、头部保持在同一平面内。

练习方法：臂肘用力将身体撑起，身体成一条直线，保持静止状态。男性静控 30s 至 1min 为一组，完成 3—4 组；女性静控 20s 至 30s 为一组，完成 2—3 组。可逐渐延长时间。

动作要领：撑起时，支撑侧肩膀应在手肘的正上方，收紧腹部、臀部，身体保持一条直线。

3. 俯撑控制

练习目的：增强上肢及腹背部核心力量，减少腹部多余脂肪，提高身体控制和平衡能力。

预备姿势：直臂俯撑，一腿支撑，另一腿膝关节跪地准备。

练习方法：俯卧支撑，使身体保持在一个平面，控制四个八拍。

左臂支撑，右臂侧平举，控制两个八拍，两臂交替支撑。两臂支撑，抬起右脚至水平，控制两个八拍，两腿交替支撑。

身体向右翻转 90 度，成左侧卧支撑姿势，控制两个八拍，然后身体继续向右翻转 90 度，成仰卧支撑姿势，控制两个八拍，身体继续向右翻转 90 度，成右侧卧支撑姿势，控制两个八拍。最后回到俯卧支撑姿势结束。可逐渐延长身体控制的时间。

动作要领：不管四肢或面向的变化，都要保持身体水平，收腹，控制身体平衡。腰部紧张用力，躯干控制成水平姿势，防止塌腰或摆动腰等错误动作。

4. 俯撑行走

练习目的：发展上肢、腰腹力量以及身体控制能力和协调性。

预备姿势：练习者成俯卧支撑姿势，帮助者站在练习者两腿之间，握住其小腿中后部。

练习方法：帮助者握住练习者小腿中后部，并将其双腿抬起，练习者两手支撑向前行走。行走 15m 至 20m 为 1 组，两人交换练习，各练习 2—3 组。

动作要领：练习者俯撑时收腹控腰，身体保持在一个平面。俯撑行走时，躯干控制稳定，避免塌腰、提臀或摆动腰部的错误动作。帮助者应随练习者前进时的用力和速度自然前行，避免出现主动前推或向后拉拽动作。

5．俯卧撑

练习目的：发展上臂和肩带肌群，增强上臂和肩背部肌肉力量。

预备姿势：女生跪卧撑：双手和膝关节支撑，成俯卧跪撑姿势，两脚交叉搭在一起。男生俯卧撑：双手和双脚支撑，成俯撑支撑姿势，身体成一条直线：

练习方法：跪卧撑：以跪卧支撑姿势，两臂匀速屈肘至成 90 度。然后推撑伸直手臂，完成一次跪卧撑动作。10—15 个为 1 组，完成 2—3 组。

俯卧撑：以俯卧支撑姿势，两臂匀速屈肘至成 90°然后推撑伸直手臂，完成一次俯卧撑动作。20—30 个为 1 组，完成 3—4 组。

动作要领：匀速屈臂和伸臂，收腹紧腰，身体保持在一条直线上。避免翘臀、塌腰等动作出现。

（五）躯干力量练习

1．仰卧起坐

练习目的：发展腹部肌群，增强腹肌力量，减少腹部脂肪。

预备姿势：仰卧，两腿屈膝，两手放于耳侧或头后部。

练习方法：腹肌用力抬起上体至 45°位置制动或身体依次向左、向右转体，然后还原至预备姿势。男性连续完成 30—40 次为 1 组，完成 2—3 组；女性连续完成 20—30 次为 1 组，完成 2—3 组。

动作要领：身体抬起或回落躺下时，腹肌发力，使身体有控制地完成仰卧起坐练习。避免手臂过度用力。

2．仰卧两头起

练习目的：发展腹部肌群，增强腹肌力量，减少腹部脂肪。

预备姿势：仰卧，两腿伸直，两臂上举。

练习方法：腹肌发力，上身和腿同时向上举起至手指碰到脚背小腿，然后还原至预备姿势。男性连续完成 20—30 次为 1 组，完成 2—3 组；女性连续完成 15—20 次为 1 组，完成 2—3 组。

动作要领：身体抬起或回落躺下时，腹肌和上下肢协调用力，使身体有控制地完成仰卧两头起练习。

3．仰卧交叉腿和蹬伸腿

练习目的：发展腹部肌群，增强腹肌力量，提高身体控制能力。

预备姿势：仰卧，两手和臀部支撑，上体和下肢抬起至45度位置。

练习方法：两腿绷直，同时向左、向右小幅度摆动，完成上下交叉腿练习。男性连续完成25—35次为1组，完成2—3组。女性连续完成20—25次为1组，完成2—3组。

右腿屈膝开始，两腿依次做屈伸蹬腿练习（勾脚尖）。男性连续完成30—40次为1组，完成2—3组；女性连续完成20—30次为1组，完成2—3组。

动作要领：上体和两腿姿势控制稳定，有控制地按节奏完成练习。仰卧交叉腿练习过程中保持膝关节伸直。

4．俯卧两头起

练习目的：发展腰背部肌群，增强腰肌力量，提高身体控制能力。

预备姿势：俯卧在垫子上，双臂向前伸直趴地，双腿自然分开。

练习方法：背肌用力，两腿和上体向上抬起，然后还原。男性连续完成30—40次为1组，完成2—3组。

女性连续完成20—30次为1组，完成2—3组。该练习也可同时抬起左（右）臂和右（左）腿，完成单侧背肌练习。

动作要领：背肌动作幅度与躯干柔韧性有密切关系，练习前做几节躯干拉伸练习：两腿上举时并腿或自然分腿，上下肢和躯干协调用力。

5．侧卧后摆腿

练习目的：发展臀部和大腿肌群，增强大腿外侧及臀部肌肉力量。

预备姿势：侧卧在垫子上，身体向后充分伸展。左臂屈肘支撑，另一臂放于胸前。

练习方法：右腿向后上方摆至45度位置，同时右臂向前下方伸直，然后有控制地还原至预备姿势。两腿交替练习。连续完成20—30次为1组，完成2—3组。

动作要领：上体保持不动，膝盖伸直，用脚后跟带动腿向后、向上用力摆动，尽量使动作做到最大幅度。

6．跪姿提臀支撑

练习目的：增强腰腹及臀部肌肉力量，提高身体协调性和控制力。

预备姿势：跪撑姿势，低头含胸，弓背。

练习方法：腹肌用力，向上伸膝提臀至体前屈、四肢支撑姿势，停顿四至八拍，然后还原。连续完成四至八个八拍。

动作要领：借助收腹提臀和肩带力量，支撑起躯干，有控制的还原。

7．跪撑后踢腿

练习目的：增强臀部肌肉力量及下肢柔韧性。

预备姿势：跪撑，左腿支撑跪立，右腿屈膝向前抬起，低头含胸。

练习方法：左腿向后踢起至90度以上位置，同时抬起上体，然后还原。连续完成四至八个八拍。

动作要领：踢腿时，大腿发力，脚背绷起并带动腿快速上踢，同时收腹、展体。动作腿绷直并稍向外展，两臂和躯干保持舒展和稳定的姿态。

8．练习提示

进行垫上练习时，要注意动作有控制，速度均匀，慢起慢落，运动部位有较明显的酸胀感。

在完成动作过程中，应配合均匀的呼吸，不宜憋气。

可以配上节奏明快的音乐进行练习，各个部位依次运动，且多次重复。该种形式的练习一般能够较好地激发练习者的兴趣，促使练习者坚持练习，可达到良好的健身健美效果。

在完成动作过程中，既要注重动作的数量也要注重动作的完成质量，并保持一定的身体姿态。

第三节　身体协调性训练

形体训练中的协调性训练，主要是以动作组合的“操化”练习形式，采用有氧健身操中各种不同形式的步伐、移动、转体和小跳动作，配合上肢动作的协调运动，来提高运动时身体各部位在空间上和时间上配合的一种综合能力，从而改善中枢神经系统对肌肉的支配能力，使身体各部位运动逐渐协调一致，动作更富节奏感和灵敏性。

一、基本步伐

基本步伐动作是有氧健身操动作中的最基础的练习内容，是有效发展锻炼者的协调性、节奏韵律感和平衡能力的有效方法。基本步伐动作形式多样，动作简单易练，且不受场地、性别等因素的影响，随时随地都可进行练习。

有氧健身操的基本步伐主要包括踏步类、点地类、迈步类以及跳步类等动作。每一套有氧健身操或动作组合中的移动、变向、转体等变化，均是通过不同的基本步伐、跑跳等基本动作来实现的。

（一）踏步类

步伐名称：踏步、走步、一字步。

动作说明：两脚依次抬起，稍离地，再依次有弹性地下落。上体直立，两臂屈肘前后自然摆动

动作要领：膝关节带动腿，脚跟先离地抬脚，下落时前脚掌先着地再过渡到全脚

变化形式：原地踏步；向前、向后走步（V 字步、一字步）等。

（二）点地类

步伐名称：脚尖点地、脚跟点地

动作说明：两腿有弹性地屈伸，动作腿伸出点地，同时支撑腿稍屈，上体直立

动作要领：动作腿点地时，重心控制在支撑腿上，另一脚虚步点地，同时收腹立腰。侧点地时腿伸直，脚面向前

变化形式：脚尖或脚跟向前；脚尖或脚跟向侧、向后点地。

（三）迈步类

步伐名称：迈步吸腿、并步、侧交叉步。

动作说明：一脚先迈出一步，同时移动身体重心至支撑站立，另一脚抬起或点地、并步。

动作要领：迈步时，身体重心及时跟进；迈步方向明确，侧交叉步向侧前方迈步；迈步吸腿时，膝关节领先，大腿抬平。

变化形式：向前，或向斜前方，或向侧、向后迈步。

（四）跳步类

步伐名称：开合跳、弓步跳、吸腿跳、后屈腿跳、弹踢腿跳。

动作说明：单脚或双脚蹬地跳起，经短暂腾空，单脚或双脚落地。

动作要领：脚后跟先离地蹬地跳起，前脚掌先落地至全脚落地，同时

稍屈膝缓冲。跳起或落地时收腹拔腰、提气，落地轻巧。

变化形式：前后、左右开合跳、前后、左右并步小跳前、侧后弹踢腿跳。

二、基本步伐组合

练习目的：掌握不同形式的基本步伐，发展动作节奏感和身体协调性。

预备姿势：两腿并拢站立，两臂放于体侧，握拳。

动作做法：1—4 拍：右脚开始踏步，一拍一动，两臂屈臂在腰间前后自然摆动。5 拍：右脚向右侧迈步，两臂提至胸前平屈，双手握拳。6 拍：左脚并于右脚侧，同时双手握拳下压伸直两臂。7—8 拍：同 5—6 拍动作，动作方向相反。

1 拍：右脚向右斜前方迈一步，同时右臂向右侧平举。2 拍：左脚向左前方迈一步，同时左臂向左侧平举。

3 拍：右脚回到原始位置，两臂胸前平屈。4 拍：左脚还原，两臂还原。5—8 拍：同 1—4 拍动作。

1 拍：右脚向右前一步，脚跟先着地，两臂摆至前平举。2 拍：左脚收于右脚后，两膝稍弯曲，两臂屈肘向后摆动。3 拍：右脚继续向右侧迈步，脚跟着地，两臂摆至前平举。4 拍：左小腿向后折叠踢腿，两臂屈肘向后摆动。5—8 拍：同 1—4 拍动作，动作方向相反。

1—3 拍：右脚开始向右走三步，两臂自然摆动。4 拍：向上吸左腿，同时双手胸前击掌或握拳。

5—7 拍：左脚开始向后走三步，两臂自然摆动。8 拍：向上吸右腿，同时双手胸前击掌或握拳。

1 拍：右脚向右侧迈一步，两臂放松前摆。2 拍：左脚收于右脚侧点地，双手收回到腰间握拳。

3 拍：同 1 拍动作，动作方向相反。4 拍：同 2 拍动作，动作方向相反。5—8 拍：同 1—4 拍动作。

1—2 拍：向右的小马跳，左臂上举，右臂下举。3—4 拍：同 1—2 拍动作，动作方向相反。5—6 拍：同 1—2 拍动作。7—8 拍：还原成预备姿势。

1 拍：右腿向上提膝跳，两臂向上摆至右臂侧平举，左臂胸前平屈，拳心向下。2 拍：右脚落地还原，两臂摆至上举，拳心向前。

3 拍：左腿向上提膝跳，两臂向下至左臂侧举，右臂胸前平屈。4 拍：

左脚落地还原，两臂放下至体侧。5—8 拍：同 1—4 拍动作。最后成立正姿势结束。

（一）单个动作和动作之间的组合练习

进行组合练习时，先分别练习单个动作，再进行组合练习。练习可随节拍练习，也可在不同节奏和旋律的音乐伴奏下完成练习。

认真学习体会动作与动作之间的转换衔接部分的动作，做好第四拍或第八拍的结束动作（即下一个动作的开始）。

（二）分解练习

对于较难掌握的动作如小跳动作、转体动作、上下肢结合转体移动的复合动作等，可合理应用分解练习，再进行完整练习。

按正确的动作要领完成练习。如跳起落地时由脚跟过渡到全脚掌落地，然后迅速屈膝缓冲。

上述组合动作起到抛砖引玉的作用。随着运动能力的提高，练习者可根据上文中所提到的各种基本步伐，编排适合自身锻炼需求的“组合练习”。

第五章　不良身体形态矫正训练

本章主要就形体训练过程中一些不良的身体形态矫正问题进行研究，躯干、下肢以及肩部的矫正训练问题应该引起我们的重视，具体如下。

第一节　躯干不良形态矫正训练

躯干的不良形态主要表现为含胸驼背。含胸驼背是指胸椎后突所引起的形态改变，不是脊柱本身有病变。一般来说，含胸驼背一方面是因为长期不正确的看书、写字、上网等姿势以及过度使用手机造成的，另一方面则是在平时的坐、立、行走中不注意正确姿势或从小受他人不良姿势的影响造成的。含胸驼背易给他人留下不大方、不自信，缺乏朝气的印象。含胸驼背的不良形态较容易矫正，矫正的重点是加强腰背部和脊柱周围肌力的锻炼以及肩胸部位的柔韧性练习，同时在日常生活中注意保持舒展挺拔的身体姿态。

一、胸部矫正训练

（一）站立抬头展胸

两腿开立，双手于体后交叉相握，头后仰。尽力挺胸展肩，用力向后伸展头颈和肩胸。拉伸控制 1 ~ 4 个八拍，然后放松，多次重复练习。

（二）振肩——肩绕环

两腿开立，两臂伸直上举，两手交叉相握，掌心向上。有节奏地用力向后振动肩胸。两拍一动，连续拉伸 2 ~ 4 个八拍。然后向后做展胸、手臂绕环运动。一个八拍完成一次绕环运动，连续完成 4 ~ 8 个八拍。

（三）含胸展胸

两腿开立，两臂侧平举。躯干开始用力，逐渐松腰、低头、含胸弓背，同时两臂抱于胸前，稍屈膝下蹲。然后立腰、抬头挺胸，同时两臂向后打开至水平侧后举（掌心向后），两腿直立。含胸、展胸动作充分，幅度大，速度均匀缓慢。可按照节拍练习，四拍一动，连续完成 8 ~ 12 个八拍。

（四）扶把拉伸肩胸

两腿开立，双手与肩同宽扶把，上体前屈至水平位。向下缓慢用力拉伸肩胸部位肌肉韧带。也可在同伴的助力下完成练习，效果更好。可动力性拉伸与静力性拉伸相结合，二拍或四拍一动，连续完成 8 ~ 12 个八拍。

（五）坐立抬头展胸

端坐于椅子或垫上，双手于头后交叉相握。头后仰，后背用力挺直，充分立腰挺胸。控制四个八拍后放松，多次重复练习。

（六）跪立体后屈

跪立，头后仰，躯干后屈，两手抓住踝关节，完成体后屈动作，控制 1 ~ 2 个八拍后放松，多次重复练习。

（七）仰卧挺身起

仰卧，两臂侧举放于垫上。通过依次向上用力顶腰、挺胸、抬头、收腹，至带动躯干后屈抬起至坐立位置，然后回到仰卧姿势。连续完成 4 ~ 8 次为一组，完成 2 ~ 3 组。

（八）俯卧抬上体

俯卧，双手于头后交叉相握，两脚固定住（或由同伴压住脚踝）。腰背肌用力。向上抬起上体至 46°位置，控制八拍，然后躯干有控制地下落至俯一卧。连续完成 8 ~ 12 次为 1 组，完成 2 ~ 3 组。

（九）仰卧起桥

仰卧，双手双脚屈膝支撑开始，躯干向上用力挺起，成形似桥状的拱形支撑（双手和双脚距离越近，上体伸展则越充分）。控制四至八拍后，躺下成仰卧姿势。连续完成 2 ~ 4 次。

二、胸部力量训练

（一）弹力带拉伸与阻抗

与“伸展动作组合”练习方法、“胸背阻抗动作组合”练习方法相同。

（二）哑铃阻抗

与“直臂扩胸练习”“俯身扩胸练习”“俯身划船练习”以及“直臂抓举练习”方法相同。

（1）上述每一个练习的量与强度仅作为参考。每位练习者可根据自身“含胸驼背”的程度以及运动基础而定，并可随着练习的推进，逐渐增加动作幅度、重复次数或器械重量等。

（2）练习应持之以恒，方能取得良好效果。至少隔天练习一次，每天练习 2～3 次，每次练习可根据自身情况，有针对性地选择 3～4 个练习。

（3）矫正驼背需将柔韧练习和力量练习结合起来，再配合第二章中基本姿态的控制与发展性练习，效果会更好。此外，日常生活中还应注意无论是坐、站还是行走，都应保持挺胸、收腹、紧腰，身体正直舒展的好习惯。

（4）看书、写字和操作电脑时，注意正确的坐立姿势，且选择高低适宜的桌椅。

第二节　下肢不良形态矫正训练

下肢不良形态主要为 O 形腿（俗称罗圈腿）、X 形腿和八字脚。

一、O 形腿矫正训练

O 形腿是指膝关节内翻，双脚踝部并拢但双膝不能靠拢，形成“O”字形，因此被称为 O 形腿。O 形腿主要是儿童时期骨骼发育不良所致。医学上一般将此类症状划分成三个不同程度，即轻度（两膝间距在 3 厘米以内）、中度（两膝间距在 3 厘米以上）、重度（走路时左右摇摆）。矫正 O 形腿应重点锻炼腿部相应的肌肉和腿部内侧的柔韧性，同时有针对性地进行站立姿态的训练。

（一）腿屈伸或蹲起

直立，两脚并拢，两手扶住大腿中部。两拍一动，匀速而有控制地完成腿的屈、伸练习。连续完成两个八拍。然后加大动作幅度，四拍一动，完成下蹲、起立练习，连续完成四至八个八拍。

（二）半蹲夹膝

两脚相距 30 厘米左右开立。两手扶膝成屈膝半蹲姿势，两膝向内逐渐相对用力、靠拢，夹紧两膝，坚持一个八拍，然后放松，重复四至六个八拍。

（三）脚尖脚跟外展内收

两腿并拢站立。先以脚后跟为轴（支撑点），有节奏地完成脚尖外展、内收动作。两拍一动，连续完成四至八个八拍。然后以脚尖为轴（支撑点），有节奏地完成脚跟外展、内收动作。两拍一动，连续完成四至八个八拍。在完成动作过程中，两腿始终伸直并拢。

（四）跪坐小腿外展

跪于垫上，双手撑地，成跪撑姿势。两脚和小腿逐渐向外用力打开，控制一个八拍，然后收拢放松。连续完成四至八个八拍。

（五）双脚夹球

坐于椅上。膝盖并拢，用两脚夹住一个排球，向内逐渐用力，坚持一个八拍，然后放松。连续完成四至八个八拍。

（六）夹球蹲跳

两脚踝内侧夹一个排球，两手扶在两腿上。两膝向内用力夹紧，两脚跟提起，下蹲（膝角大于 90°），做向前连续的蹲跳动作。连续跳 15 ~ 20 次为 1 组，做 2 ~ 3 组。

二、X 形腿矫正训练

X 形腿是指站立时两膝并拢，但两脚跟不能并拢，其间隔距离为 1.5cm 以上的均属 X 形腿。X 形腿的形成是由于先天遗传和后天疾病、创伤、营养不良以及幼儿时期坐立行走的姿势不正确和双腿负荷过重所造成的。X形腿是由于股骨过度内收、内旋和胫骨外展、外旋形成的一种骨关节异常现象。X形腿的矫正相对困难，但是长期坚持练习，会收到一定的效果。

（一）盘坐压腿

坐立，左腿于体前伸直，右腿屈膝外展，右脚放于左腿内侧，左手扶住右脚脚踝，右手扶右膝内侧。右手逐渐向下用力，压住右膝至最大幅度，控制二至四个八拍，然后慢慢松手还原。重复四至八个八拍，两腿交替练习。

（二）直腿夹球

坐于椅上，两手后撑椅，两踝夹住一个排球，脚跟着地。用脚带动腿逐渐向内夹紧球，并抬起至45°位置，控制一至二个八拍，然后放松还原。重复四至八个八拍。

（三）坐立压腿

坐立，左腿向前侧伸直打开，右腿于体前屈膝着地。上体前倾并稍向右转，胸部贴近膝关节内侧，两臂充分前伸至最大限度，控制二至四个八拍，然后放松还原。重复四至八个八拍，两腿交替练习。

（四）坐立展膝

坐立，两膝外展，两脚掌相合并拢，两手分别扶住同侧膝关节。两手有节奏地用力下压膝关节，使两膝向外充分展开，两脚学尽量并拢，控制一至二个八拍，然后放松。重复四至八个八拍。

三、八字脚矫正训练

八字脚，有外八字和内八字之分。走路时两脚尖向内扣的称内八字，走路时两脚尖向外撇的称为外八字。常见的大多是外八字脚，它是因为儿童时期过早站立学走路，腿的力量弱，很难保持身体平衡，脚尖自然地向左右分开，慢慢地形成了八字脚不良习惯。一般情况下，脚尖内扣或外撇不明显的则不称之为八字脚。如果脚尖指的方向与前进方向之间的夹角超过40°角，影响到了脚形和行走，形成八字脚，就需要矫正。

（一）沿直线走跑

自然站立，两手叉腰或前后自然摆动。在地上划一条直线，有节奏地沿直线向前行走。行走时，膝关节和脚尖正对前方，脚尖和脚跟保持在一条直线上。一拍一动，连续行走四至八个八拍。

（二）跳下台阶

站于高约 20－30cm 的台阶上，反复练习从台阶上往下跳的动作。空中脚面、膝盖绷直，脚尖并拢，有控制地落地，落地时两脚完全并拢。连续完成跳跃动作 10～15 次。

（三）负重蹲起

肩扛杠铃站立。两脚站位与八字脚形态相反，即外（内）八字脚，以内（外）八字脚站立。有控制地匀速完成半蹲、站立练习。四拍一动，连续完成四至六个八拍为一组，完成 2～3 组。

（四）负重提踵

1. 练习方法

肩扛杠铃开立，脚尖正对前方。保持正确的脚形，有控制地完成提踵练习。两拍一动，连续完成二至四个八拍为一组，完成 2～3 组。

2. 练习提示

（1）腿形的矫正练习，主要通过反向用力，达到矫正目的。因此，应逐渐增加用力的程度和强度。避免过度用力拉伸或按压膝关节，以免造成膝关节内侧韧带的损伤。练完后加强放松练习。

（2）在平时的站立、行走和跑跳过程中，注意保持正确的脚形和腿型。

（3）矫正。形腿应重点锻炼腿部相应的肌肉和内侧韧带的柔韧性，有针对性地进行站立姿态的训练。对照镜子完成练习，效果更好。

第三节 肩部不良形态矫正训练

肩部不良形态主要表现为斜肩和溜肩。

一、斜肩矫正训练

在日常生活中，斜肩一般表现为两种：一种是肩向一侧倾斜；另一种为一肩高，另一肩低。造成斜肩的主要原因是由于肩部长期用力不均，使两侧肩部的肌肉力量发展不均衡所致。如长期用一侧肩背书包、扛重物，持续使用优势，上肢或常以松懈不正确的姿势打电话、看书、写字或上网等。这样易使某一侧肩关节周围的软组织因长期处于紧张状态，造成该侧肩以下部位的肌群力量弱化，而肩以上部位的肌群被强化，从而导致两肩发展高低不一，形成斜肩的不良习惯。严重者还会形成脊柱侧弯。因此，斜肩的矫正，重点应加强弱侧肩部、颈部和背部肌肉的锻炼。

（一）肩绕环

直立，两臂侧平举。

（1）两臂同时向内肩环绕一周，然后向外肩环绕一周。八拍完成一次绕环，连续完成八至十二个八拍。

（2）两臂同时向后肩环绕一周，然后向前肩环绕一周。八拍完成一次绕环，连续完成八至十二个八拍。

（二）提肩——沉肩

直立，两臂自然下垂。两肩同时有节奏地完成上提和下沉动作。一拍一动，连续完成二至四个八拍。然后两肩依次完成上提和下沉动作。一拍一动，连续完成四至六个八拍。上述提肩、沉肩练习，还可以手持一定重量的哑铃完成练习。

（三）单臂持铃提拉

肩低的一侧手握哑铃，下举，两腿开立或坐立。持铃手臂向侧匀速抬起至侧平举，然后有控制地还原。连续做 8 ~ 12 次为 1 组，完成 3 ~ 5 组。

（四）俯撑移动

俯卧支撑，身体保持平直，脚背触地。两臂支撑交替向前移动，腰腹控制用力，带动身体前行。行走 10～15m 为 1 组，完成 2～3 组。

（五）斜身倒立

背对墙蹲立，距离墙约 50cm。两手与肩同宽，在体前撑地，两腿蹬墙成斜身倒立动作。控制 20～30s 为 1 组，练习 2～3 组。

二、溜肩矫正训练

溜肩又叫垂肩，是指肩部与颈部的角度较大。溜肩常伴有含胸驼背等不良形态。造成溜肩的原因，一方面是遗传，另一方面则主要是因为日常生活中的含胸驼背姿势以及身体活动较少，最终致使肩部锁骨和肩胛骨周围附着的各肌肉群（三角肌、胸大肌、背阔肌等）软弱无力，使锁骨和肩胛骨远端下垂，从而形成溜肩的不良形态。对于女性来说，溜肩尤其影响形体的美观。矫正溜肩可做以下训练。

（一）耸肩

站立或坐立，上体保持正直。耸肩，即两肩同时上提，控制四拍，然后放松还原。连续完成四至八个八拍。7 也可双手各持一个哑铃完成耸肩练习。

（二）双臂持铃提拉

站立或坐立，上体保持正直，两手各持一哑铃放于体侧。两臂同时抬起至侧举，控制四至八拍，继续抬起至侧上举，控制四至八拍，然后有控制地还原。连续完成四至八个八拍为 1 组，完成 2～3 组。

（三）双臂负重推举

两脚开立，两手持哑铃于胸前立屈，拳心相对。两臂用力向上推直手臂至上举，拳心相对，接着有控制地还原。连续完成 10～20 次为 1 组，完成 2～3 组。

（四）俯卧撑

1. 练习方法

俯卧支撑（男性），两手与肩同宽，两腿并拢或分开。连续完成 20—30 个俯卧撑为 1 组，完成 2 ~ 3 组）跪卧支撑（女性），两臂与肩同宽，连续完成 10 ~ 20 个跪卧撑为 1 组，完成 2 ~ 3 组。

2. 练习提示

（1）在完成斜肩、溜肩矫正练习之前，先做几节填胸部位的柔韧拉伸练习。负重练习完成后，注意放松练习。

（2）针对斜肩和溜肩形成原因，有针对性地进行拉伸和阻抗练习。练习时注意循序渐进，逐渐增加运动量与强度。重点发展弱势肩侧的三角肌及肩部肌群力量。

（3）在日常生活中，行走、站立和坐立时均应注意立腰、挺胸，身体保持正直。此外，注意双肩均衡用力，如用左右肩交替挎包，用左右手交替持物或提重物等。

（4）建议男性进行一些简单的单杠、双杠、杠铃或哑铃练习以及游泳、划船、投掷等运动，有助于溜肩的矫正。

第六章 形体塑造的科学实施

形体训练的实施对于塑造完美身形具有较大的实践意义，本章就从形体训练实践中的健美操训练、芭蕾训练、瑜伽训练以及交际舞训练等方面进行研究，旨在进一步加强人们对于形体塑造的实践指导。

第一节 形体训练实践之健美操

健美操是一项融体操、舞蹈、音乐于一体以有氧练习为基础，以健、美、力为特征的体育运动项目。它以身体训练为内容，以人体自身为对象，以艺术创造为手段，经过长期科学和系统的练习，可以达到健身、健心和健美的目的。人们经常进行健美操的练习可以加速人体各组织的血液循环，减低动脉压，提高心血管系统的活动能力，加大肺的活力，建立起正常的新陈代谢过程，提高中枢神经系统和神经——肌肉运动器官的活动能力。同时健美操对人们的心理也起着良好的影响，使人朝气蓬勃，增强自信心，保持心情舒畅。

在健美操训练中要注意如下几点。

（1）在讲解动作过程中，教师要准确做好示范动作。

（2）教师在教学中应该注意学生的自身能力，不要“过激”地训练。

（3）注意调节课堂气氛，调动学生学习的积极性。

一、健美操简介

（一）健美操的产生与发展

现代健美操真正兴起是在20世纪70年代末，并以它强大的生命力和不可抑制的势头在世界各国蓬勃发展。1981年，美国著名影星简·方达(JaneFonda）根据自己的健身体会和经验，编写了《简·方达健美术》，该书主张以实用和新颖的运动形式来保持身体健美，再加上她卓越的名人效应，使健美操迅速在全世界流行起来，形成全球性的“健美热”。该书自出版以来，一直畅销不衰，并被翻译成20多种文字在世界许多国家出版。人们逐渐认识到了健美操作为一项运动具有的强大生命力，同时，也看到了健美操运动在诸多体育项目的市场竞争中有良好的运动前景，具有潜在的商业价值。

1983年国际健美操联合会（简称LAF）成立，总部设在日本，共有20多个会员国，每年举办世界健美操比赛。20世纪80年代中期，国际健美操与健身联合会（简称FISAF）成立，总部设在澳大利亚，有40多个会员国，每年除举办健美操专业比赛之外，还组织各种健美操培训班。1990年，国际健美冠军联合会（简称ANAC）成立，总部设在美国，每年举办世界健美操冠军赛。

我国健美操的发展步伐也很快，20世纪80年代初健美操传入我国，反应迅速的是高等院校。1984年北京体育大学成立了健美操研究组，1989年上海体育学院成立了健美操研究室，并迅速推广至全国。社会健美操也得到了不同程度的发展，各种健美操俱乐部、健美操中心和健美操培训班如雨后春笋般地涌现，这种现象在北京、广州、上海等大型城市尤为突出。1986年，在广州举办了第一次“全国女子健美操表演赛”。1991年，“全国大学生健美操、艺术操大奖赛”在北京举行。1992年9月，中国健美操协会在北京成立，极大地促进了我国健美操运动的发展。

健美操按照不同的目的和任务分为健身性健美操、表演性健美操和竞技性健美操；按照对象的不同可以分为中老年健美操、少儿健美操、青年健美操、女性健美操等。健美操形式多样，运动量可大可小，不受场地的限制，所以各个年龄层次的人均可以积极参加，具有广泛的群众基础，它可以使人的心理、生理、素质和气质得到全面发展。

（二）健美操训练的注意事项

1. 做好热身和适当的伸展运动

天冷时，热身时间要长。初学者以每周两三次，隔日为宜。然后可适当增加次数，直到自己感觉适量为止，千万不要勉强。

2. 注意着装和脚步护理

做健美操时，应穿合身透汗的服装，要及时更换汗湿的衣服，避免着凉。不要赤脚穿普通皮鞋。健身鞋应有较厚的护垫，以减缓足部与地面撞击而造成的震荡，鞋身不宜太软，可采用半高筒式，以保护脚踝。要留心自己的脚部，常修剪脚趾甲，保持脚部皮肤干燥。

3. 练习时符合动作要求

进行健美操动作练习时要求肩部放松，头部绕环时尽量幅度大一些，含胸展胸动作要充分，要有一定的幅度，速度稍微慢一些。腰的转动不易太快，动作幅度要大而缓。

二、健美操基本动作训练

（一）头颈动作训练

预备姿势：双脚大二位站好，双手叉腰，头向前看。

第1×8拍：1～4拍头部向前屈两次，如图6－1－1所示。5～8拍头部向后屈两次，如图6－1－2所示。第2×8拍：1～4拍头部向左侧屈两次，如图6－1－3所示。5～8拍头部向右侧屈两次，见图6－1－4所示。

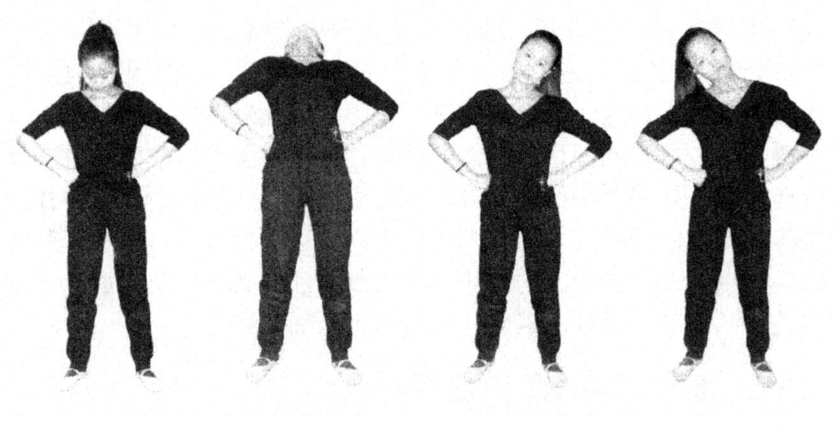

图6－1－1　　图6－1－2　　图6－1－3　　图6－1－4

第3×8拍：1－4拍双手交叉提至胸前，头向下低，如图6－1－5所示。5～8拍双手交叉，手掌朝外向前推，身体向前趴，成90°角，如图6－1－6所示。第4×8拍：1～4拍双手继续交叉手掌朝外向上推，抬头向上看，如图6－1－7所示。5～8拍身体向下，双臂向两边斜上方向打开，如图6－1－8所示。

图6－1－5　　图6－1－6　　图6－1－7

图6－1－8

第5×8拍：1～4拍身体向下，双臂向两边斜下方向打开，如图6－1－9所示。5～8拍身体来站直，双手环抱身体，低头，如图6－1－10所示。

第6×8拍：1～4拍身体向下，头向上看，用右手去抓左脚，左手向上，如图6－1－11所示。5～8拍身体向下，头向上看，用左手去抓右脚，右手向上，如图6－1－12所示。

第7×8拍：1～4拍左脚向斜前迈出，双手握拳在胯两旁，头向前看，如图6－1－13所示。5～8拍右脚向斜前迈出，双手握拳在胯两旁，头向前看，如图6－1－14所示。

第8×8拍：1～4拍右腿弯，左脚向旁上步，右手向旁边伸平，左手向上，如图6－1－15所示。5～8拍右腿弯向前迈，后腿伸直，双手握拳在右胯前，如图 6 - 1 - 16 所示。

图 6 - 1 - 9　图 6 - 1 - 10　图 6 - 1 - 11　图 6 - 1 - 12

图 6 - 1 - 13　图 6 - 1 - 14　图 6 - 1 - 15　图 6 - 1 - 16

（二）肩臂动作训练

第 1 × 8 拍：1 ~ 4 拍左腿弯向后迈步，右腿伸直，身体朝后双手举过头顶，如图 6 - 1 - 17 所示。5 ~ 8 拍左脚向旁迈步，双臂弯回在胸前，头向左边看，如图 6 - 1 - 18 所示。

第 2 × 8 拍：1 ~ 4 拍向左转身朝后右脚上步，双臂弯回在胸前，头向右看，如图 6 - 1 - 19 所示。5 ~ 8 拍向右转身吸左腿，双手在胸前击掌，如图 6 - 1 - 20 所示。

第 3 × 8 拍：1 ~ 4 拍左脚向旁迈步蹲在二位上，双手握拳举过头顶，如图 6 - 1 - 21 所示。5 ~ 8 拍双脚跳起同时向里收回正步，双手收回身体两侧，如图 6－1－22 所示。第 4×8 拍：1～4 拍右脚向旁迈步，左手到右斜下右手在体后，如图 6－1－23 所示。5～8 拍右脚收回正步，双臂交叉在体前，低头，如图 6－1－24 所示。

图 6－1－17　图 6－1－18　图 6－1－19　图 6－1－20

图 6－1－21　图 6－1－22　图 6－1－23　图 6－1－24

第 5×8 拍：1～4 拍右脚向旁点地，双手举过头项，如图 6－1－25 所示。5～8 拍右脚经跳收回正步，双臂弯回到胸前，如图 6－1－26 所示。

第 6×8 拍：1～4 拍右脚向后迈，左腿弯，双手握拳，右手向前，左手向旁，如图 6－1－27 所示。5～8 拍右脚经跳收回正步，双臂弯回到胸前，如图 6－1－28 所示。

第7×8拍：1~4拍左脚向后迈，右腿弯，双手握拳，左手向前，右手向旁，如图6-1-29所示。5~8拍左脚经跳收回正步，双手在身体两侧，如图6-1-30所示。

第8×8拍：1~4拍右脚绷脚向旁踢，高度在45°左右，左手在右胯前，右手抱头，如图6-1-31所示。5~8拍右脚伸直向后迈，左腿弯，右手向斜下出手，左手在左胯旁，如图6-1-32所示。

图6-1-25　图6-1-26　图6-1-27　图6-1-28

图6-1-29　图6-1-30　图6-1-31　图6-1-32

（三）膝腿动作训练

第1×8拍：1-4拍脚二位身体朝前，左手背手，右手举过头顶，如图6-1-33所示。5~8拍双腿蹲，双手握拳在头顶交叉，头向左侧倒，如图6-1-34所示。

第2×8拍：1－4拍双脚正步站好，双手在身体两侧，如图6－1－35所示。5～8拍左脚往前迈身体朝右侧站，双手握拳高度在25°左右，头向前看，如图6－1－36所示。

第3×8拍：1～4拍在正步的基础上左腿伸直右腿弯，右手在头上，如图6－1－37所示。

5～8拍左脚向前迈身体朝右侧站，双手向两边打开，头往前看，如图6－1－38所示。

第4×8拍：1～4拍右脚收回到正步踮脚，左手向前右手向后，如图6－1－39所示。5～8拍左脚向旁边迈步，后腿伸直，左手向旁边打开，右手在胯旁，头向前看，如图6－1－40所示。5～8拍右脚收回正步，双手在体旁两侧，如图6－1－41所示。

图6－1－33　图6－1－34　图6－1－35　图6－1－36　图6－1－37

图6－1－38　图6－1－39　图6－1－40

第5×8拍：1~4拍正步站好，身体朝前，如图6－1－41所示。5~8拍右脚向后迈，左腿弯，双臂弯曲在胸前，如图6－1－42所示。

第6×8拍：1~4拍左腿向旁伸直绷脚右腿弯，双臂弯曲在两旁，如图7－43所示。5~8拍左脚收回，正步，左手叉腰，右手到左胯前，如图6－1－44所示。

第7×8拍：1~4拍正步站好，左手叉腰右手斜上举过头顶，如图6－1－45所示。5~8拍右手经头顶划一圈，如图6－1－46所示。

第8×8拍：1~4拍右手划一圈回来，双手到头顶击掌，如图6－1－47所示。5~8拍右脚向后，双臂打开举过头顶，如图6－1－48所示。

图6－1－41　图6－1－42　图6－1－43　图6－1－44

图6－1－45　图6－1－46　图6－1－47

图 6－1－48

（四）腰背动作训练

第 1×8 拍：1－4 拍收回正步，双臂弯曲到胸前，如图 6－1－49 所示。5～8 拍右脚向前迈左腿伸直，双手打开在两旁，如图 6－1－50 所示。

第 2×8 拍：1～4 拍正步站好，身体朝前，如图 6－1－51 所示。5～8 拍右臂弯曲，左臂不动，如图 3－1－52 所示。

第 3×8 拍：1～4 拍右臂保持弯曲不动，左臂弯曲，如图 6－1－53 所示。5～8 拍左臂保持不动，右臂向上举过头顶，如图 6－1－54 所示。

第 4×8 拍：1－4 拍右臂不动，左臂举过头项，如图 6－1－55 所示。5～8 拍左腿向旁迈步二位蹲住，双手握拳，右手向前，左手向旁，如图 6－1－56所示。

图 6－1－49　　图 6－1－50　　图 6－1－51　　图 6－1－52

图 6 - 1 - 53　　图 6 - 1 - 54　　图 6 - 1 - 55　　图 6 - 1 - 56

第 5 × 8 拍：1 ~ 4 拍正步站好，双手在身体两侧，如图 6 - 1 - 57 所示。5 ~ 8 拍右脚向旁迈步二位蹲住，左手向前右手向旁伸直，如图 6 - 1 - 58 所示。

第 6 × 8 拍：1 ~ 4 拍右脚收回到正步，如图 6 - 1 - 59 所示。5 ~ 8 拍双脚二位站好，双臂交叉双手握拳，如图 6 - 1 - 60 所示。

图 6 - 1 - 57　　图 6 - 1 - 58　　图 6 - 1 - 59

第 7 × 8 拍：1 ~ 4 拍正步站好，左脚脚掌点地，双手握拳双臂平举，如图 6 - 1 - 61 所示。

5 ~ 8 拍向左转身右脚点地，双手在头顶击掌，头往前看，如图 6 - 1

－62 所示。

第 8×8 拍：1～4 拍右脚向旁迈成二位脚，上身向前呈 90°，右手叉腰，左手五指张开接触地面，如图 6－1－63 所示。5～8 拍右脚收回，正步面朝前，双手握拳在身体两侧，如图 6－1－64 所示。

图 6－1－60　　图 6－1－61　　图 6－1－62

图 6－1－63　　图 6－1－64

三、健美操组合训练

第 1 小节：原地踏步，先走左脚，双手摆臂，共做两个 8 拍，如图 6

-1-65 所示。

图 6-1-65　图 6-1-66　图 6-1-67　图 6-1-68

第 2 小节：前后三步一点，双手叉腰，往前先走左脚，一拍上一次脚。在第 4 拍时右脚点地，往后先退右脚，第 4 拍时左脚点地，共做两个 8 拍，如图 6-1-66 所示。

第 3 小节：在第 2 小节步伐的基础上加手，前后走步时，双臂在身体两侧摆臂，第 4 拍时双臂上举，在头上击掌，共做 4 个 8 拍，如图 6-1-67 所示。

第 4 小节：前后三步一吸，双手叉腰，往前先走左脚，在第 4 拍时，右脚吸腿，往后先退右脚，在第 4 拍时左脚吸腿，共做 4 个 8 拍，如图 6-1-68所示。

第 5 小节：在第 4 小节步伐的基础上加手，前两拍双手握拳胸前转手，第 3 拍时打开双臂平举，第 4 拍吸腿的同时击掌，如图 6-1-69 和图 6-1-70 所示。

第 6 小节：侧点，双手背后，先上左脚右点，然后再上右脚左点，共 4 次，1 个 8 拍，如图 6-1-71 和图 6-1-72 所示。

第 7 小节：踏步后退，双手摆臂，共 1 个 8 拍，如图 6-1-73 所示。

第 8 小节：反复第 6、7 小节 1 次，结束。

图6－1－69　图6－1－70　图6－1－71　图6－1－72　图6－1－73

第二节　形体训练实践之芭蕾

一、芭蕾的手位和脚位训练

手的位置从一位到七位，两手臂始终要保持椭圆形，注意不要让手腕和肘关节下塌，手的七个位置运动路线要规范。熟练手的七个位置之后，要头、手、身体各部位协调配合，要体会手位中的内在力量，尤其是后背肌群在动作中起到的平稳、稳定作用，要运用手的表现能力传情达意。

脚位的开度要保持从大腿根、膝盖、脚腕、脚尖的上下一致。如果胯部不开，脚位可以站大八字或小八字，切忌某个局部开、某个局部关，造成上下扭曲而损伤。五位和三位站立要保持胯部正，不要因为某只脚在前，而一边的胯歪向前。胯不正是因为在前五位或前三位的脚没有伸直而造成的，所以五位和三位站立不但要伸直两膝，而且要夹紧大腿。

（一）手的位置

手形：手自然放松，中指、无名指和小指并拢，食指张开，拇指自然放松，如图6－2－1所示。

一位：从肩到手指尖在身体前呈椭圆形，手心朝上，两手相距一拳左右，小指边离大褪约二寸距离，如图6－2－2所示。

二位：保持一位手状态，两手臂向上抬至手心与胃部平行，如图6－2

-3 所示。

三位：保持二位手状态，两手臂向上抬至头顶斜上方，如图 6-2-4 所示。

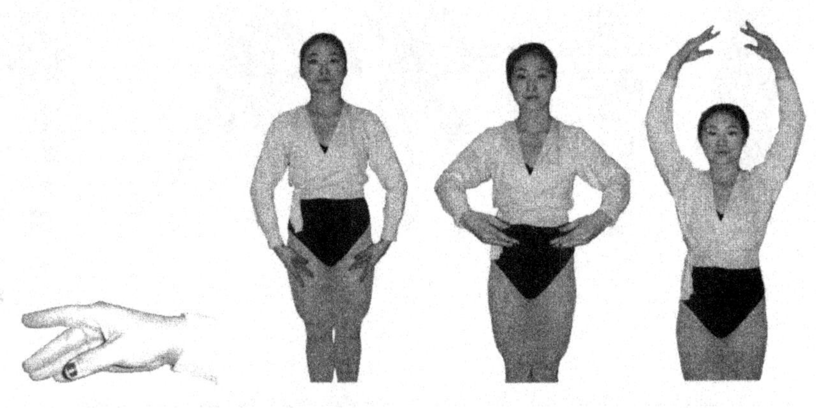

图 6-2-1　图 6-2-2　图 6-2-3　图 6-2-4

四位：一只手臂保留在三位，另一只手臂从三位回至二位，如图 6-2-5 所示。

五位：一只手臂仍保持在三位，二位手臂向旁打开，如图 6-2-6 所示。

图 6-2-5　图 6-2-6

六位：打开到旁的手不动，三位手下到二位，如图 6 – 2 –7 所示。

七位：打开到旁的手仍不动，二位手打开到旁呈七位，如图 6 – 2 – 8 所示。

图 6 – 2 – 7　　　　图 6 – 2 – 8

（二）脚的位置

一位：两脚脚后跟相靠，两脚脚尖向外打开呈一字形，如图 6 – 2 – 9 所示。

二位：在一位的基础上，两脚脚后跟分开，相距约一只脚的距离，如图 6 – 2 – 10 所示。

三位：保持在二位的基础上，一只脚的脚后跟向另一只脚的脚心靠拢，如图 6 – 2 – 11 所示。

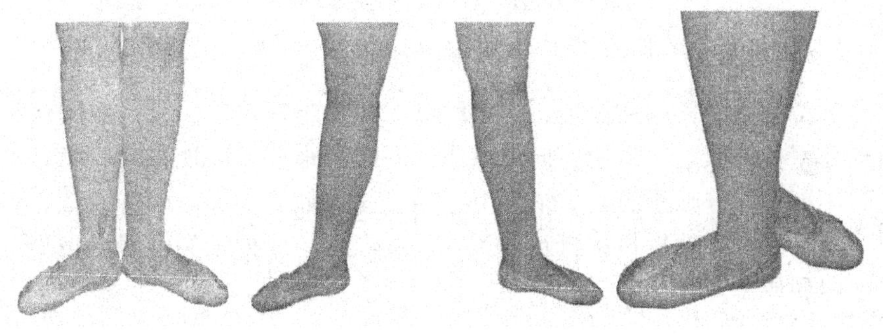

图 6 – 2 – 9　　　　图 6 – 2 – 10　　　　图 6 – 2 – 11

四位：保持两脚尖外开状，一只脚在另一只脚的正前方或正后方，形成两条平行线，如图 6 – 2 – 12 所示。

五位：在四位的基础上，两脚合拢并紧，如图 6－2－13 所示。

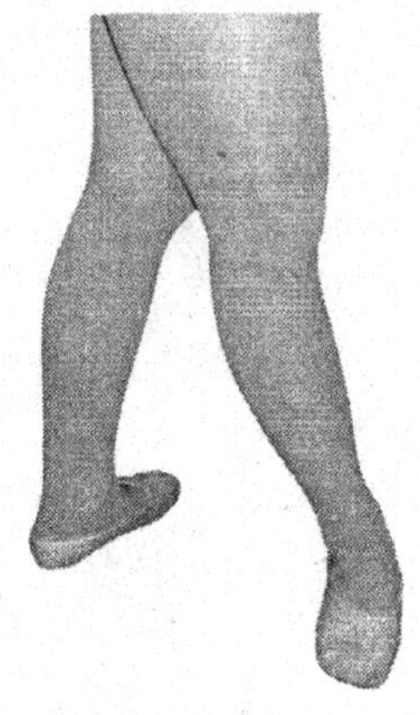

图 6－2－12

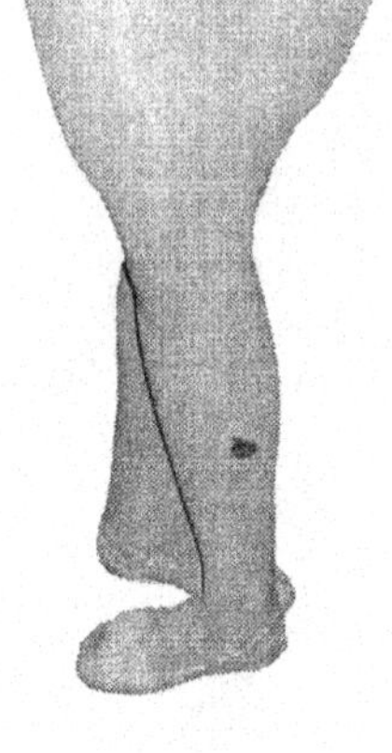

图 6－2－13

二、擦地训练

（一）五位擦地的做法

擦地绷脚可以在一位和五位脚的位置上向前、向旁、向后方向做。擦地主要通过擦地绷脚背，立脚趾，整条腿向远处、向下延伸，伸展整条腿的肌肉，然后收回。通过擦出收回的不断运动来锻炼腿部力量，尤其是踝关节和脚趾的力量。

1．向前擦地的做法

五位站立准备向前擦地，一条腿支撑并固定好重心，另一条腿保持与支撑腿平行的状态，沿地面向前擦出，同时脚跟渐渐离地推起脚背，在动作腿不影响支撑腿重。心的情况下，尽可能向远处伸展，脚掌点地，将脚背推至最高点。然后再将脚趾向远处伸展立起，用脚趾尖轻轻点地后，再一次收回原位。

2．向旁擦地的做法

一条腿支撑并固定好重心，另一条腿向旁沿地面擦出，同时脚跟渐渐离地推起脚背，在不影响支撑腿重心的情况下，动作腿尽可能向远伸展，脚掌点地，将脚背推至最高点。然后再将脚趾向远伸展立起，用脚趾轻轻点地后再依次收回原位。

3. 向后擦地的做法

一条腿支撑并固定好重心，另一条腿保持与支撑腿平行状态沿地面向后擦出，同时脚跟渐渐离地推起脚背，在不影响支撑腿重心的情况下，动作腿尽可能向远伸展，脚掌点地，将脚背推至最高点。然后再将脚趾向远伸展立起，用脚的大趾外侧点地，然后依次再收回原位。

（二）组合练习

共4个8拍，每次练习动作重复两遍，每次配合动作的播放音乐为8个8拍，左脚为主力脚，右脚为动力脚。

预备拍

【1~4】五位站立，左手扶把，准备向前擦地，如图6-2-14所示。

【5~6】右手由一位抬至二位，如图6-2-15所示。

【7~8】右手从二位至七位，如图6-2-16所示。

图6-2-14　　图6-2-15　　图6-2-16

第1×8拍

第二拍出脚，如图6-2-17所示。

【1~2】右脚1收回至五位脚，2向前擦出，如图6-2-18和图6-2-19所示。

【3~4】右脚3收回至五位脚，4擦出，如图6-2-18和图6-2-19所示。

【5~7】重复3-4拍的动作。

【8】左脚向后擦出，如图6-2-20所示。

图 6－2－17　图 6－2－18　图 6－2－19　图 6－2－20

第 2×8 拍

【1～2】左脚 1 收回 2 擦出，如图 6－2－21 和图 6－2－22 所示。

【3～4】左脚 3 收回 4 擦出，如图 6－2－21 和图 6－2－22 所示。

【5～6】左脚 5 收回 6 擦出，如图 6－2－21 和图 6－2－22 所示。

【7～8】左脚 7 收回，右脚 8 向旁擦出，如图 6－2－23 所示。

图 6－2－21　图 6－2－22　图 6－2－23

第 3×8 拍

【1～2】右脚 1 收回 2 擦出，如图 6－2－24 和图 6－2－25 所示。

【3～4】右脚 3 收回 4 擦出，如图 6－2－24 和图 6－2－25 所示。

【5～6】右脚 5 收回 6 擦出，如图 6－2－24 和图 6－2－25 所示。

【7～8】右脚 7 收回 8 收至后五位，如图 6－2－26 所示。

第 4×8 拍

【1～2】右脚向旁擦出，如图 6－2－27 所示。

【3～4】动力腿压脚跟，如图 6－2－28 和图 6－2－29 所示。

【5 ~6】重复3 ~4 的动作，如图6 -2 -28 和图6 -2 -29 所示。

【7 ~8】动力腿收到主力腿前面，呈五位脚，左脚在后，右脚在前，如图6 -2 -30 所示。

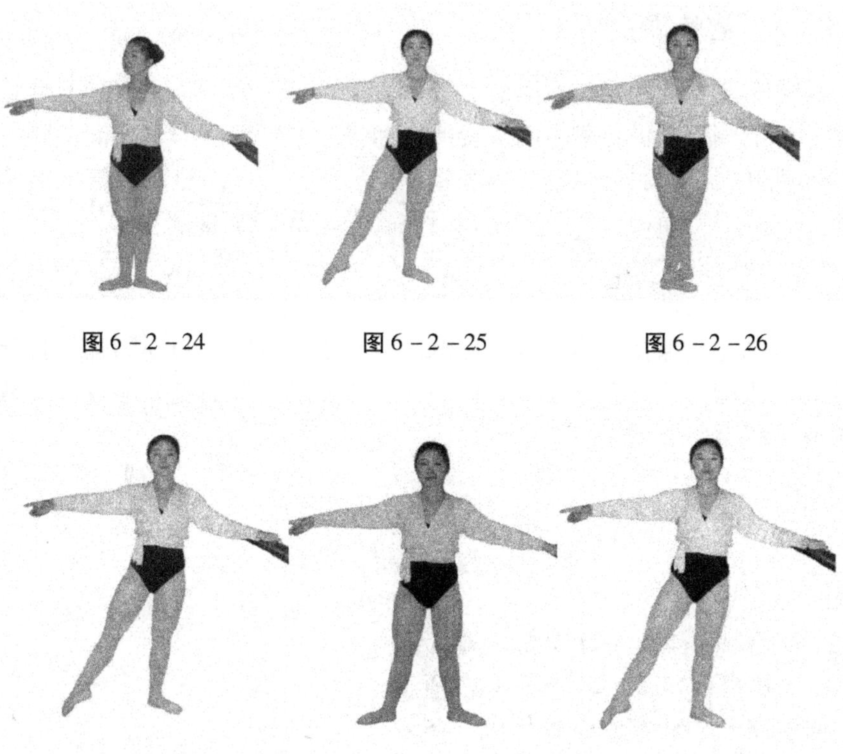

图6 -2 -24　图6 -2 -25　图6 -2 -26

图6 -2 -27　图6 -2 -28　图6 -2 -29

图6 -2 -30

三、蹲的训练

（一）蹲的做法

蹲分半蹲和全蹲，蹲在脚的五个位置上都可以做。蹲主要是通过膝关节在不同的脚位上做各种不同节奏的快和慢的半蹲和全蹲，来锻炼膝关节的柔韧性和腿部的肌肉。蹲是训练中重要的一部分，通过蹲的训练能使训练者轻松地腾空而起，轻盈落地，屈伸有力，富有弹性。

1. 半蹲的做法

一位站立，保持人体的基本形态，两膝逐渐下蹲，蹲到脚腕与脚背有挤压感，跟腱（即脚跟与小腿之间一条很粗壮结实的肌腱）略有一点紧张的位置为半蹲。

2. 全蹲的做法

在半蹲的基础上，继续往下蹲，脚跟可以略微抬起一点（只有二位大蹲不容许起脚后跟），蹲到底，臀部不能坐在脚后跟上，保持开度和后背挺直。起来时先落下脚跟，再慢慢站起来。

（二）组合练习

组合练习共8个8拍，左脚为主力脚，右脚为动力脚。

预备拍

【1~4】一位站立，左手扶把，右手向旁边出手，呼吸，再收回一位手准备，如图6-2-31和图6-2-32所示。

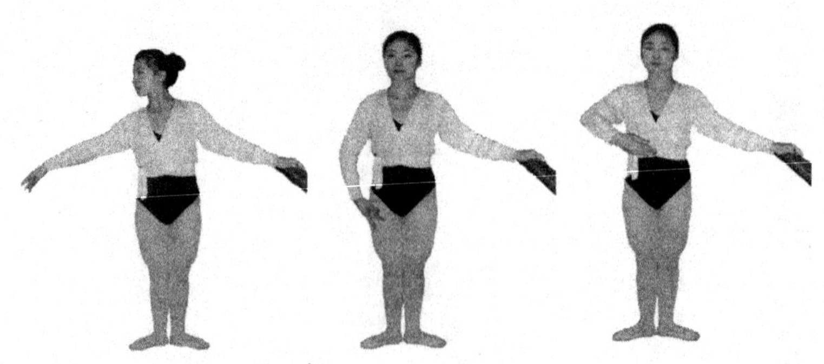

图6-2-31　　图6-2-32　　图6-2-33

【5～6】右手由一位抬至二位，眼随着动力手走，如图6－2－33所示。

【7～8】右手从二位至七位，眼随着动力手走，如图6－2－34所示。

图6－2－34

第1×8拍

【1～4】一位半蹲，同时右手由七位收回一位，如图6－2－35所示。

【5～8】慢慢由一位半蹲提起还原，同时右手由二位打开至七位，如图6－2－36和图6－2－37所示。

图6－2－35　　图6－2－36　　图6－2－37

第2×8拍

【1～4】重复图6－2－36和图6－2－37的动作。

【5～6】一位半蹲，同时右手由七位收回一位，如图6－2－35所示。

【7～8】由一位半蹲提起还原，同时右手由二位打开至七位，同时向旁擦出右脚，如图6－2－38所示。

第3×8拍

【1~4】二位半蹲，右手由七位收回一位，如图6-2-39和图6-2-40所示。

【5~8】慢慢由一位半蹲提起还原，同时右手由二位打开至七位，如图6-2-41和图6-2-42所示。

图6-2-38

第4×8拍

【1~4】重复以上动作，如图6-2-41和图6-2-42所示。

【5~6】二位半蹲，同时右手由七位收回一位，如图6-2-39和图6-2-40所示。

【7~8】由二位半蹲提起还原，同时右手由二位打开至七位，如图6-2-41和图6-2-42所示。

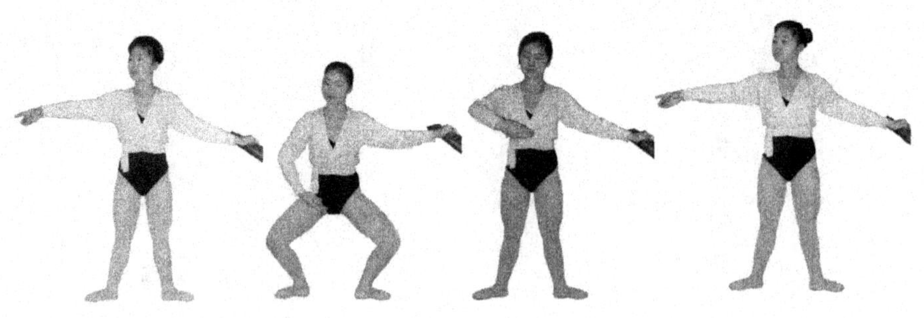

图6-2-39　　图6-2-40　　图6-2-41　　图6-2-42

第5×8拍

【1~2】在二位的基础上，向旁摊手，如图6-2-43所示。

【3~4】动力腿绷脚，右手到三位手向左下旁弯腰，如图6-2-44

所示。

【5～8】动力脚由二位划向前五位，右手由二位划向七位手，如图6－2－45和图6－2－46所示。

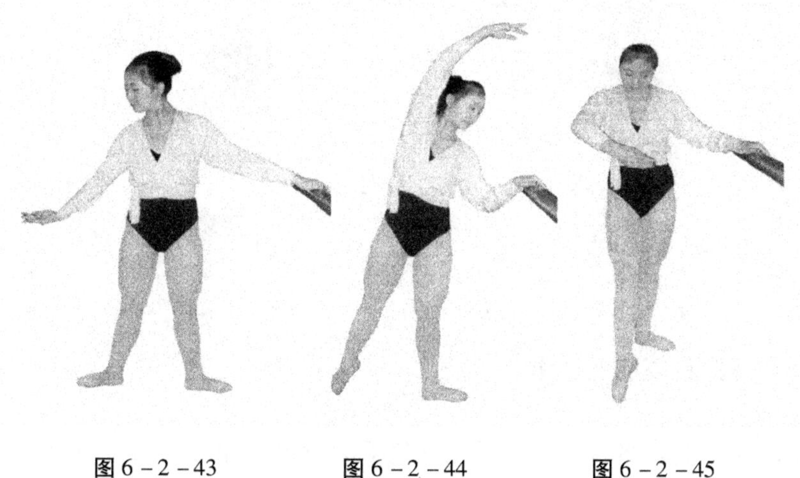

图6－2－43　　图6－2－44　　图6－2－45

图6－2－46

第6×8拍

【1～4】五位蹲，手由七位收回到一位，如图6－2－47所示。

【5～8】起身，手由二位回到七位，如图6－2－48所示。

第7×8拍

【1～4】经五位半蹲起来，同时右手由二位收回七位，如图6－2－48所示。

图 6－2－47　　　　图 6－2－48

【5～8】重复以上动作。

第 8×8 拍

【1～4】五位半脚尖立，手在三位手的位置，如图 6－2－49 所示。

【5～8】结束落在五位脚上，呼吸，右手收至一位手，如图 6－2－50 所示。

图 6－2－49　　　　图 6－2－50

四、踢腿训练

（一）五位小踢腿的做法

小踢腿是在擦地的基础上向空中有控制地踢起，特点是急速、有爆发力，比擦地动作速度快、力度大，可以锻炼腿部肌肉，提高动作的速度和控制力及后背力量。

五位向前擦地，脚尖离地 25°。落地经脚尖点地收回前五位。小踢腿向旁和小踢腿向后与擦地动作不同，在不同方向点地的基础上，再向远延伸踢出，离地 25°停住。

（二）组合练习

组合练习共 4 个 8 拍，每次练习动作重复两遍，每次音乐为 8 个 8 拍，左脚为主力脚，右脚为动力脚。

预备拍

【1~4】五位站立，左手扶把，准备，如图 6-2-51 所示。

【5~7】右手由一位抬至二位再打开到七位手，如图 6-2-52 和图 6-2-53 所示。

【8】右脚向前踢腿至 25°，右手从二位至七位，如图 6-2-54 所示。

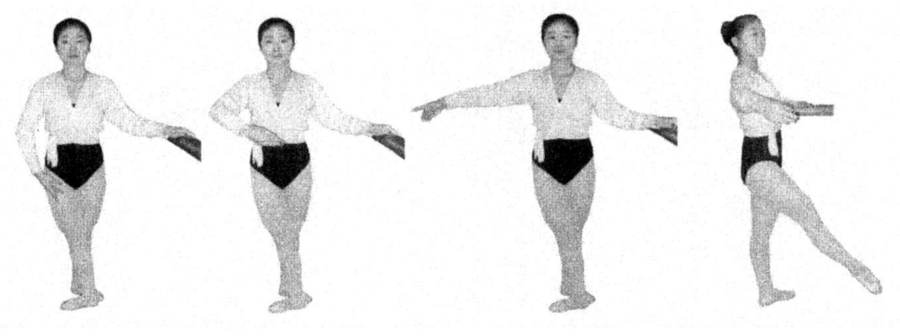

图 6-2-51　图 6-2-52　图 6-2-53　图 6-2-54

第 1×8 拍

【1~6】右腿向前小踢腿三次，手七位，如图 6-2-55 和图 6-2-56 所示。

【7】右脚收回前五位，七位手，如图 6-2-57 所示。

【8】左脚向后小踢腿 25°，七位手不动，如图 6-2-58 所示。

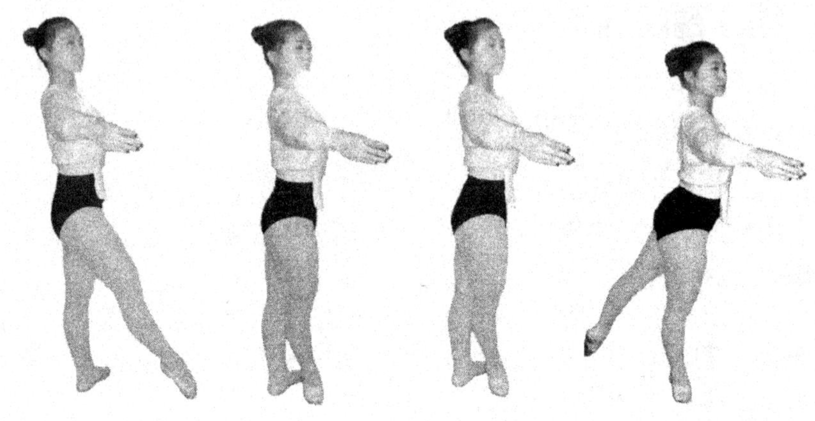

图6－2－55　　图6－2－56　　图6－2－57　　图6－2－58

第2×8拍

【1～6】左腿向后小踢腿三次，手七位，如图6－2－59所示。

【7】左脚收回后五位，手七位，如图6－2－60所示。

【8】右脚向旁小踢腿25°，七位手不动，如图6－2－61所示。

图6－2－59　　图6－2－60　　图6－2－61

第3×8拍

【1－6】右腿向旁小踢腿三次，手七位，如图6－2－62所示。

【7】右脚收回前五位，手七位，如图6－2－63所示。

【8】右脚向旁悠踢腿25°，七位手不动，如图6－2－64所示。

图 6－2－62　　图 6－2－63

图 6－2－64

第 4×8 拍

【1～2】右脚向旁悠踢腿 25°，收回后五位，如图 6－2－65 所示。

【3～4】右脚向旁悠踢腿 25°，收回前五位，如图 6－2－66 所示。

【5～6】右脚向旁悠踢腿 25°，收回后五位，如图 6－2－65 所示。

【7～8】动力腿收到主力腿前面，呈五位脚，手收回一位，如图 6－2－66 所示。

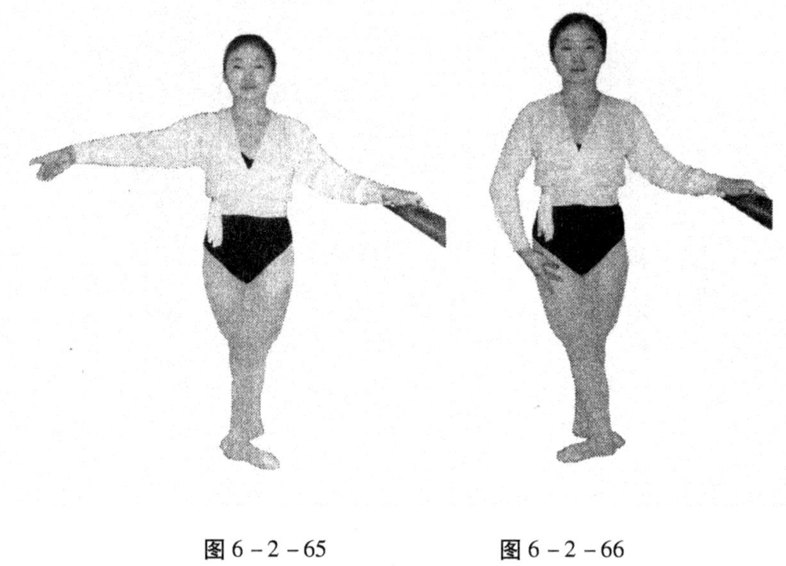

图6-2-65　　图6-2-66

第三节　形体训练实践之瑜伽

健美的身体不仅是指锻炼出一个好身材，它还应该包括靓丽的肌肤、健康的体魄、充沛的精力等。瑜伽就是通过精神的修养与身体的训练，配合正确的饮食及生活习惯来达到养身美体的效果。

一、瑜伽体位法训练概述

（一）瑜伽体位法训练原理

瑜伽体位的目的在于锻炼脑部、脊柱、肌肉、腺体与内脏器官，改进新陈代谢和提高体能。这里设计的体位综合考虑到时间的经济性和健身的有效性，这些体位姿势大多数既锻炼了肌肉组织，使我们肌肉组织的活性增强，达到矫形塑体的作用，又有利于脊柱、肾上腺、肝、胰脏、肾脏之间的平衡与健康。

瑜伽姿势做得缓慢而步骤分明，轻柔地按摩和伸展使身体每个部分都得到益处，帮助人保持身体健康，并经常处于有利内心平和、善于创造以及冥想深思的精神状态，瑜伽的每个姿势都经过连绵的动作缓慢地完成，是一种节能的有氧运动。

（二）练习瑜伽的注意事项

（1）练习瑜伽时遵循安全性原则，即在安全的范围内缓慢地完成动作，做到自己的极限。

（2）练习前排空体内便尿。

（3）瑜伽应在空腹时练习，进餐后三小时方可练习。

（4）赤脚在瑜伽垫上练习，保证练习时身体的稳定性。

（5）做瑜伽之前要做好热身运动，舒展筋骨以防拉伤。

（6）摘下手表、首饰、腰带、发饰等物品。

（7）禁止大病初愈和手术后练习瑜伽。

（8）孕妇、高血压患者、心脏病患者、眩晕症患者、经期时练习需谨慎，上体往下倒立的姿势、强度难度大的姿势不要做，以免头部充血发生危险。

（9）练习后注意放松休息，半小时内不要沐浴和进食。

（三）瑜伽体位法的排毒美颜纤体功能

瑜伽体位法透过身体四肢的伸展、扭动、折叠，能令闭塞的淋巴管道得以畅通，脂肪及水分在体内得以正常运作，同时有效按摩五脏六腑，刺激体内分泌腺，将原来失调的荷尔蒙分泌恢复正常，从而提高新陈代谢；锻炼肌肉软化脂肪，分解脂肪，并加速体内脂肪的燃烧。此外，不少瑜伽动作要求练习者在某个姿势保持一段时间，过程中需要肌肉进行静态的等长收缩，从而加强锻炼四肢的肌肉，提高肌肉的耐力，令松弛的肌肉纤维收紧，变得更富有弹性和更结实，因此练习瑜伽的过程，就是淋巴排毒、减肥、美颜塑身纤体的过程。经过一个月的瑜伽体位姿势的练习，肢体经常练习的部位变得紧致而有弹性，效果非常明显。

二、13 种瑜伽体位法

（一）拜日式

拜日式通常作为瑜伽体位练习时的热身动作，它能有效地调节人体各个系统功能（消化、骨骼、呼吸、内分泌、神经、肌肉等），使人精力充沛，心情愉悦。具体步骤如下。

（1）直立，双手胸前合十，正常呼吸，如图6－3－1所示。

（2）吸气，上半身以腰部为轴向后仰，髋关节向前推，夹紧臀部肌肉，如图6－3－2所示。

（3）呼气，上半身向前下弯，伸直双腿，双手抱双脚踝，如图6－3－3所示。

（4）吸气，左腿向后伸展，右腿向前弓步，如图6－3－4所示。

（5）头向后弯，胸部向前挺出，背部成凹拱形，如图6－3－5所示。

（6）呼气，同时右脚后移与左脚并拢，脚跟向上，臀部向后方和上方收起，双臂双腿伸直，如图6－3－6所示。

（7）呼气，臀部向后上方抬起，背部下压，重心在两臂和两腿上，如图6－3－7所示。

（8）呼气，臀部前移，弯曲两肘，胸部朝向地板放低，腹部、大腿接触地面，如图6－3－8所示。

（9）吸气，伸直两臂，上身从腰部向上升起，头部后仰，如图6－3－9所示。

（10）呼气，臀部回升高空，如图6－3－10所示。

（11）吸气，左腿向前弓步，右腿向后伸展，如图6－3－11所示。

（12）吸气，左腿向前弓步，头向后弯，胸部向前挺出，背部成凹拱形，如图6－3－12所示。

（13）呼气，收回右腿与左腿并拢，伸直双腿，双手抱双脚踝，如图6－3－13所示。

图6－3－1　图6－3－2　图6－3－3　图6－3－4

图 6-3-5　图 6-3-6　图 6-3-7

图 6-3-8　图 6-3-9　图 6-3-10

图 6-3-11　图 6-3-12　图 6-3-13

(14) 吸气，身体缓慢恢复正直，上半身以腰部为轴向后仰，髋关节向前推，夹紧臀部肌肉，如图 6-3-14 所示。

(15) 呼气，身体恢复正直，双手胸前合十，正常呼吸，如图 6-3-15 所示。

拜日式连续动作演示如图 6-3-16 所示。

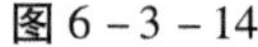

图 6－3－14

图 6－3－15

图 6－3－16

（二）眼镜蛇式

眼镜蛇式瑜伽体位法具有补养脊柱、消除便秘、有效调节女性月经失调的神奇功效。其具体动作如下。

俯卧，双手放于胸部两侧，掌心向下，吸气同时依次抬起头、肩、上身躯干，眼睛向上看。正常呼吸，坚持 30 秒，呼气还原，如图 6－3－17 所示。

图 6－3－17

（三）三角伸展式

三角伸展式瑜伽体位法能够有效地消减腰部多余脂肪，同时使脸部焕发出动人的健康、色泽。其具体练习步骤如下。

（1）双腿宽阔地分开，脚尖微微向外。吸气双手成侧平伸，如图 6－3－18 所示。

（2）呼气，向右侧弯腰，右手抓住右脚踝，保持两臂成一条直线，保持姿势 10 秒，正常呼吸，如图 6－3－19 所示。

图 6－3－18　　图 6－3－19　　图 6－3－20

（3）吸气，慢慢回复基本三角式。然后做反向练习，如图 6－3－20 所示。

（四）猫伸展式

猫伸展式瑜伽体位法具有消除腹部多余脂肪、增强消化功能、消除月经痉挛、治疗白带过多和月经失调等神奇功效。其具体步骤如下。

（1）双手双膝着地，吸气抬头塌腰保持 10 秒，如图 6－3－21 所示。

（2）呼气垂头拱背 10 秒，如图 6－3－22 所示。

图 6－3－21　　图 6－3－22

（五）单腿交换伸展式

单腿交换伸展式瑜伽体位法能够有效地消除腰部多余脂肪，促进消化，并能根除女性性功能失调的毛病。其具体步骤如下。

（1）基本坐姿，如图 6－3－23 所示。

（2）收左脚至腹股沟，双手抓右脚趾，吸气挺腰保持 10 秒，如图 6－3－24 所示。

（3）呼气，向前伏身，胸部尽量贴近大腿，保持 10 秒，如图 6－3－25 所示。

（4）换脚练习，如图 6－3－26 所示和图 6－3－27 所示。

图 6－3－23　　图 6－3－24　　图 6－3－25

图 6－3－26

图 6－3－27

（六）战士一式

战士一式瑜伽体位法能够有效地增强肺活量，减少髋部脂肪，同时增强平衡感与注意力。其具体步骤如下。

（1）双手合掌高举过头，吸气，两腿分开，呼气，右脚和上半身向右转 90°，左脚右转 15°，右腿前屈左腿后绷，眼睛看手的方向，正常地呼吸，保持 20－30 秒，如图 6－3－28 所示。

（2）换另一侧练习，如图 6－3－29 所示。

（七）战士二式

战士二式瑜伽体位法能够有效地锻炼双腿、背部、腹部，使腿部肌肉变柔韧，并消除腿部抽筋的毛病。其具体步骤如下。

（1）基本站姿，吸气，两脚大大分开，双手侧平举，左脚左转 90°，右脚左转 15°，如图 6－3－30 所示。

（2）呼气，屈左膝，正常呼吸 30 秒，如图 6－3－31 所示。

（3）吸气回位，换边练习，如图 6－3－32 和图 6－3－33 所示。

图 6－3－28

图 6－3－29

图 6－3－30　　　　图 6－3－31

图 6－3－32　　　　图 6－3－33

（八）莲花坐式

莲花坐式瑜伽体位法具有增加上半身的血液循环，强壮脊柱、内脏，预防和治疗疾病的功效，使心态平和。

其基本坐姿为：左脚放在右腿上，贴近肚脐，右脚放在左腿上，接近肚脐，脊柱伸直正常呼吸，如图 6－3－34 所示。交换练习。

图 6-3-34

图 6-3-35

（九）山式

山式瑜伽体位法除了具有莲花坐的功效以外，还有扩张、发展胸部，消除双肩僵硬强直和风湿痛等功效。

其步骤为：莲花坐，十指相交，向上翻转，垂头、下巴靠锁骨。正常呼吸 60 秒，如图 6-3-35 所示。交换腿练习。

（十）双角式

双角式瑜伽体位法具有伸展两腿腿肚子、胭旁腱和手臂的肌肉、补养和增强背部和肩部的肌肉群的功效，能够有效地锻炼颈项和扩展胸部。其具体步骤如下。

（1）基本站姿，两脚微微分开，吸气，手臂背后十指交握，如图 6-3-36 所示。

（2）呼气，上身向前弯腰，头部贴近大腿，两臂向后上方伸展，保持 20 秒，如图 6-3-37 所示，吸气，回复基本站姿。

图6－3－36

图6－3－37

（十一）增延脊柱伸展式

增延脊柱伸展式瑜伽体位法能够有效地补养和增强脊柱，纠正女性月经失调，对于抑郁沮丧或过分激动的人，是一个极好的姿势。其具体步骤如下。

基本站姿，呼气，身体以腰部为轴向前弯身，双手抱双脚踝，到达极限时保持30秒，正常呼吸，如图6－3－38所示。

图6－3－38

（十二）倾斜式

倾斜式瑜伽体位法具有补养和增强背部肌肉群、滋养内脏、促进血液循环，同时塑造美丽臀部的功效。其具体步骤如下。

（1）仰卧，双手掌扶地，双脚收至臀部，如图 6－3－39 所示。

（2）吸气，挺起上身躯干，正常呼吸，保持姿势 10 秒，如图 6－3－40 所示。

图 6－3－39　　　　图 6－3－40

（十三）俯卧放松功

俯卧放松功瑜伽体位法能够给人以全面的休息、松弛和心灵警醒的感觉。轻微地伸展背部、双肩和双臂，有助于消除颈项失枕、纠正弯腰驼背和脊椎盘错位。其具体步骤如下。

俯卧地上，两臂伸直到头顶之前，闭上双眼，放松全身，如图 6－3－41。注意力放在呼吸上，感受自己在吸气、呼气。保持这种姿势 5～10 分钟。

图 6－3－41

第四节　形体训练实践之交际舞

交际舞是最具有艺术性的社会娱乐，同时也是最具有社会性的艺术消遣。在任何社会，交际舞都是生活中不可或缺的部分。交际舞不仅是生活的反映，同时也是人类表达生活态度的一种方式。人们跳舞的最初动机是追求社会娱乐，然而一旦冲破难关开始真正体验交际舞，融入音乐、舞蹈氛围及舞步中，许多人就会发现交际舞为他们提供了一个机会，让他们得以扮演一个全新的角色。舞者可以在短短的瞬间，全心全意投入到任何他们所期待的场景中。音乐和舞蹈场所共同营造了一种氛围，而舞者以交际舞为媒介张扬着自己的独特个性。

交际舞是一种全身性的运动。跳舞确实可以锻炼气质，在跳舞的时候身体的各个部位都会得到锻炼，久而久之，变化就出来了。经常跳舞的人的站姿就与平常人有所不同，其站姿比较好看，抬头挺胸，男士给人一种器宇轩昂的感觉，女士给人一种自信而且大方的感觉；练过交际舞的人腰部和胯部比较灵活，腿上和脚上比较有力量，很稳当，她们走姿更好看、更优雅；练过交际舞的人的手势也是比较柔和的。当然练交际舞只是锻炼气质的一个方面，更重要的在于内心修养与品质的锤炼。

本部分主要介绍探戈舞、伦巴舞、牛仔舞和华尔兹。教师在教学中要注意如下几方面。

（1）教师在讲解动作过程中要准确地做好示范动作。

（2）教师在教学中应该注意学生的自身能力，不要训练“过激”。

（3）注意调节课堂气氛，调动学生学习的积极性。

（4）注意选择合适的音乐配合教学。

一、探戈舞步训练

（一）探戈简介

探戈（tango）是一种双人舞蹈，源于非洲，流行于阿根廷。其伴奏音乐为2/4拍，但因是顿挫感非常强烈的断奏式演奏，所以在实际演奏时，将每个四分音符化为两个八分音符，使每一小节有四个八分音符。目前探戈是国际标准舞大赛的正式项目之一。

跳探戈舞时，男女双方的组合姿势和其他摩登舞略有区别，叫作“探戈定位”，双方靠得较紧，男士搂抱的右臂和女士的左臂都要更向里一些，身体要相互接触，重心偏移，男士主要在右脚，女士主要在左脚。男女双方不对视，定位时男女双方都向自己的左侧看。探戈音乐节奏明快，独特的切分音是它鲜明的特征，舞步华丽高雅、热烈狂放且变化无穷，交叉步、踢腿、跳跃、旋转令人眼花缭乱。跳舞时，男士打领结穿深色晚礼服，女士着一侧高开叉的长裙。

探戈舞步最显著的特点是“蟹行猫步”。当舞步需要前进时，舞者却做横行移动；当舞步需要后退时，舞者却做横向向前斜移。同时，探戈舞者的舞步常常随音乐节拍的变化而时快时慢，探戈也因此被称为“瞬间停顿的舞蹈”。这样，探戈舞步就形成了欲进还退、快慢错落、动静有致的特点。此外，探戈舞者讲究上身垂直，两脚脚跟提起，两膝微弯，所有的动作都是力量向下延伸的感觉，舞姿十分沉稳有力。优秀的探戈舞者舞蹈时我们几乎看不到动作，只看到动作结束时的位置，只看到线条、速度以及不停变换的重心，给人以斩钉截铁、棱角分明的感觉。阿根廷探戈以小腿的动作为主，男女舞者以娴熟的配合跳出一系列令人眼花缭乱的舞步，互相缠绕的肢体充分展示出人体之美。探戈舞者面部表情严肃，互相深情凝视，但又时不时快速拧身转头、“左顾右盼”。

探戈据说是情人之间的秘密舞蹈，所以男士原来跳舞时都佩带短刀，现在虽然不佩带短刀，但舞蹈者必须表情严肃，表现出东张西望，提防被人发现的表情。其他的舞蹈跳舞时都要面带微笑，唯有跳探戈时不得微笑，表情要严肃。探戈舞的肢体语言非常丰富，但目前应用于体育舞蹈比赛中经规范了的探戈舞已经比阿根廷本地的探戈舞简单多了。

（二）训练组合

第一组：第 1 × 8 拍

【1 ~ 4】男士右脚后退一小步，女士左脚前进 4 步，如图 6 – 4 – 1 所示。

【5 ~ 8】男士左脚往左侧迈一步，脚步略大；女士右脚往右侧迈一步，脚步略小，如图 6 – 4 – 2 所示。

图 6 – 4 – 1

图 6 – 4 – 2

第二组：第 2×8 拍

【1~2】男士右脚前进一步，停在两人之间；身体不要转动；女士右脚后退一步，如图 6-4-3 所示。

【3~4】男士左脚向前迈一步，同时身体稍向右转；女士右脚向后迈一步，动作稍慢一些，同时身体稍微右转，保持与男士肩并肩，如图 6-4-4 所示。

【5~8】男士右脚向左并拢，结束时身体重心在左脚；女士左脚交叉在右脚前方，两脚之间的距离不必太近，结束时身体重心在左脚，如图 6-4-5 所示。

图 6-4-3　　图 6-4-4　　图 6-4-5

第三组：第 3×8 拍

【1-2】男士左脚前进一步，女士右脚后退一步，如图 6-4-6 所示。

【3-4】男士身体重心在左脚，右脚交叉在左脚后方轻轻踏地；女士身体重心在右脚，左脚交叉在右脚前方轻轻踏地，如图 6-4-7 所示。

【5~6】男士右脚后退一步，女士左脚前进一步，如图 6-4-8 所示。

【7~8】男士身体重心在右脚，左脚交叉在右脚前方轻轻踏地，身体重心在左脚，右腿交叉在左脚后方轻轻踏地，如图 6-4-9 所示。

图6－4－6　　图6－4－7　　图6－4－8　　图6－4－9

第四组：第4×8拍

【1～2】男士左脚前进一步，身体开始向左转；女士右脚后退一步，身体开始向左要，如图6－4－10所示。

【3～4】男士右脚往右侧迈一步，身体继续左转；女士左脚往左侧迈一步，身体继续左转，如图6－4－11所示。

【5～8】男士左脚向右脚并拢，女士右脚向左脚并拢，如图6－4－12所示。

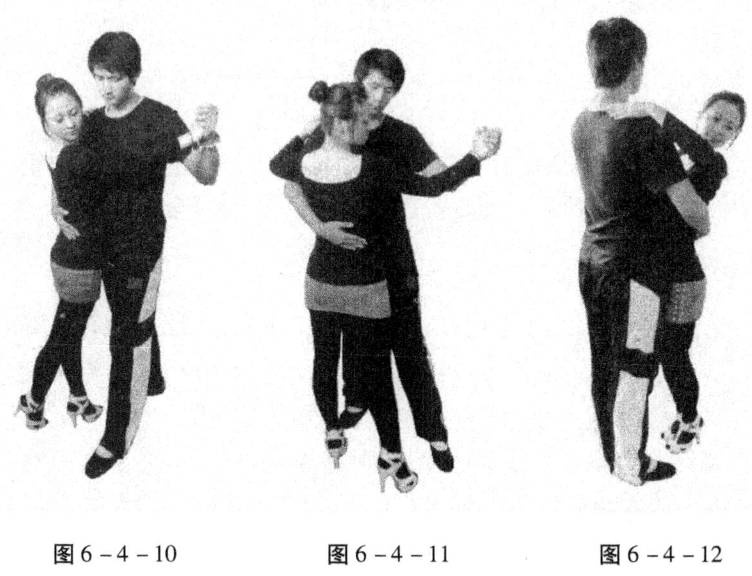

图6－4－10　　图6－4－11　　图6－4－12

二、伦巴舞步训练

（一）伦巴简介

伦巴是英文 Rumba 的音译，用 R 表示，也被称为爱情之舞，是拉丁舞项目之一。它是源自 16 世纪非洲黑人歌舞的民间舞蹈，流行于拉丁美洲，后在古巴得到发展，所以又称古巴伦巴，舞曲节奏为 4/4 拍。它的特点是较为浪漫、舞姿迷人、性感与热情；步伐曼妙、缠绵，讲究身体姿态、舞态柔媚，是表达男女爱慕情感的一种舞蹈。伦巴是拉丁音乐和舞蹈的精髓和灵魂，引人入胜的节奏和身体表现使得伦巴成为舞厅中最为普遍的舞蹈之

伦巴舞的风格和动律特点，可以归纳为稳中摆、柔中韧、快合慢。

1. 稳中摆

伦巴舞的动律产生于劳动，劳动的黑人头顶大筐搬运香蕉等水果时，要求上身平稳，走起来上压、下顶，形成臀部的摇摆。因此跳伦巴舞时，要求保持脊椎直和两肩平，臀部的摇摆则是由于重心的转移自然形成的，而不是故意摆动臀部。当脚出步时，脚掌用力踩地，膝部稍屈，这时一条腿的膝部是直的，当重心移到出步的脚时，脚后跟放下，胯部随之向侧后方摆动，另一条腿则放松稍屈。整体感觉是平稳地控制住上身，而臂部则不停地摆动。

2. 柔中韧

出步后，膝部使劲顶直，臀部的摆动看起来轻快柔和，而实则内部用力，有一股内在的韧劲，因此跳伦巴舞时间长了臀部会有酸胀感。

3. 快合慢

伦巴舞用四拍走三步，节奏为快快慢，快步一拍一步，慢步两拍一步。臀部是走三步摆三下。它的出脚动作迅捷，无论快步或慢步都是半拍到位，而臀部的摆动则是快步占一拍，慢步占两拍。实际上是四拍三步中，每步都是半拍脚步到位，而臀部则是连绵不断地左、右摆动。这种上、下、慢、快矛盾统一的运动，形成了伦巴舞有特色的动律。

（二）训练组合

第一组：第1×8拍

【1～2】男士左脚前进一步，脚尖稍微向外移，右脚维持原位置不变；女士右脚后退一步，左脚维持原位置不变，如图6－4－13所示。

【3～4】男士身体重心后移到右脚，左脚维持原位置不变；女士身体重心前移到左脚，脚尖稍微向外移，右脚维持原位置不变，如图6－4－14所示。

【5～8】男士稍微左转，同时左脚掌内侧向外移，身体重心转移到左脚；女士稍微左转，同时右脚掌内侧向外移，身体重心转移到右脚，如图6－4－15所示。

图6－4－13

图6－4－14

图6－4－15

第二组：第2×8拍。

【1～2】男士右脚后退一步，左脚维持原位置不变；女士左脚前进一步，脚尖稍微向外移，右脚维持原位置不变，如图6－4－16所示。

【3－4】男士身体重心前移到左脚，脚尖稍微向外移，右脚维持原位置不变；女士身体重心后移到右脚，左脚维持原位置不变，如图6－4－17所示。

【5～8】男士稍微左转，同时右脚掌内侧向外移，身体重心转移到右脚；女士稍微左转，同时左脚掌内侧向外移，身体重心转移到左脚，如图6－4－18所示。

图 6－4－16

图 6－4－17

图 6－4－18

第三组：第 3×8 拍

【1～2】男士右脚后退一步，左脚维持原位置不变，引导女伴靠近自己；女士左脚前进一步，如图 6－4－19 所示。

【3～4】男士身体重心前移到左脚，脚尖稍微向外移，右脚维持原位置不变，松开右手，准备身向外侧；女士右脚前进一步开始左转，如图 6－4－20 所示。

【5～8】男士稍微左转，同时右脚掌内侧向外移，身体重心转移到右脚，在身体转身向外的时候，左手臂在腰部的高度向外侧伸；女士左脚后退一步，右脚维持原位置不变，与男伴成 90°角；两人松开左手同时伸向外侧，如图 6－4－21 所示。

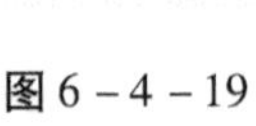
图 6－4－19

图 6－4－20

图 6－4－21

第四组：第 4×8 拍

【1~2】男士身体重心前移到左脚，脚尖稍向外移，右脚维持原位置不变；女士右脚向左脚并拢，最终身体重心在左脚，如图 6-4-22 所示。

图 6-4-22　　　　图 6-4-23

【3~4】男士身体重心后移到右脚，左脚维持原位置不变，开始引导女伴靠近自己；女士左脚前进一步，如图 6-4-23 所示。

【5~8】男士左脚向右脚并拢，身体重心移到左脚，调整握持姿势结束曲步，女士右脚前进一步，如图 6-4-24 所示。

图 6-4-24

三、牛仔舞步训练

（一）牛仔舞简介

牛仔舞又称为捷舞，是拉丁舞项目之一，用J表示。牛仔舞原是美国西部牛仔跳的一种踢踏舞，盛行于20世纪20年代。50年代爵士乐的流行，加速和完善了这种舞蹈，但风格上还保持着美国西部牛仔刚健、浪漫、豪爽的气派。

牛仔舞旋律欢快，强烈跳跃，节奏为4/4拍，每分钟42－44小节、六拍跳八步。牛仔舞由基本舞步踏步、并合步，结合跳跃、旋转等动作组合而成，要求脚掌踏地，腰和胯部作钟摆式摆动。其特点是舞步敏捷、跳跃，舞姿轻松、热情、欢快。

（二）训练组合

第一组：第1×8拍

【1～2】男士左脚往左侧跳摇滚步，步子较小，右脚维持原位置不变；女士右脚往右侧跳摇滚步，步子较小，左脚维持原位置不变，如图6－4－25所示。

【3～4】男士右脚往右侧跳摇滚步，步子较小，左脚维持原位置不变；女士左脚往左侧跳摇滚步，步子较小，右脚维持原位置不变，如图6－4－26所示。

图6－4－25　图6－4－26　图6－4－27　图6－4－28

【5~6】男士左脚摇滚步，停在身体下方，左脚尖位于右脚跟后方，右脚稍微抬离地面；女士右脚摇滚步，停在身体下方，右脚尖位于左脚跟后方，左脚稍微抬离地面，如图6-4-27所示。

【7~8】男士身体重心前移到右脚，女士身体重心前移到左脚，如图6-4-28所示。

第二组：第2×8拍

【1~2】男士左脚往左侧跳摇滚步，步子较小，身体开始向左转，左手放置臀部位置，引导女伴准备转身；女士右脚往前跳摇滚步，靠近男伴的左侧，如图6-4-29所示。

【3~4】男士右脚往右侧跳摇滚步，步子较小身体完成左转90°，左手往前方移动，停在腰部的高度，引导女伴进入分开式位置；女士以右脚为支点转身面对男伴，左脚往后跳摇滚步，离开男伴进入分开式位置，如图6-4-30所示。

【5~8】男士跳牛仔基本步的步骤3和步骤4（即左脚后退然后复正位），女士跳牛仔基本步的步骤3和步骤4（右脚后退然后复正位），如图6-4-31所示。

图6-4-29　　图6-4-30　　图6-4-31

第三组：第3×8拍

【1~4】男士左脚往左侧跳摇滚步，左手上抬引导女伴向下转身；女士在男伴的左手下方转身，右脚往前跳摇滚步，身体开始向右转，如图6-4-32所示。

【5~8】男士右脚往右侧跳摇滚步，身体向左转90°，左手恢复到腰部的高度；女士左脚往后跳摇滚步，在男伴的手臂下方继续右转，如图6-4-33所示。男士跳牛仔基本步的步骤3和步骤4（左脚后退然后复正位）；女士跳牛仔基本步的步骤3和步骤4（右脚后退然后复正位），继续

转身，最终面向男伴，如图 6－4－34 所示。

图 6－4－32　　图 6－4－33　　图 6－4－34

第四组：第 4×8 拍

准备：男士左脚往左侧跳摇滚步，靠近女伴，右手上抬就像是在梳理头发；女士右脚往右侧跳摇滚步，靠近男伴，右手跟随男伴的右手上抬。

【1～2】男士结束的时候右手放在肩膀上，女士身体稍微左转，位于与男伴肩并肩的位置，如图 6－4－35 所示。

【3～4】男士右脚往右侧跳摇滚步，离开女伴，松开右手，让女伴的右手沿着男士的左臂往下滑动，到达左手的时候恢复握手姿势；女士左脚往后跳摇滚步，右手沿着男士的左臂往下滑动，恢复握手姿势，如图 6－4－36 所示。

图 6－4－35　　图 6－4－36　　图 6－4－37

【5～8】男士照常跳后退以及复位步，恢复分开式面对面位置；女士

照常跳后退以及复位步，恢复分开式面对面位置，结束时身体重心在左脚，如图6－4－37所示。

四、华尔兹舞步训练

（一）华尔兹简介

华尔兹根据速度分化为快慢两种。人们把快华尔兹称为维也纳华尔兹，而不冠以“维也纳”三字的即为慢华尔兹，它是由维也纳华尔兹演变而来的。

快慢两种华尔兹都以旋转为主，因而它有“圆舞”之称。慢华尔兹的风格典雅大方，热烈兴奋，动作流畅，步伐起伏连贯，旋转性强。它包含了交际舞中几种动作的基本技巧，掌握这些技巧对学其他舞也有很重要的作用。因此在当代国际标准交际舞的教学中，常以它为第一舞种，用它来打好基础。作为三步舞的华尔兹，舞曲是3/4拍。其基本步法为一拍跳一步，每小节三拍跳三步，每分钟30～32小节。但在变化中也有每小节跳两步甚至是跳四步的时候。

华尔兹舞步在速度缓慢的三拍子舞曲中流畅地运行，加上轻柔灵巧的倾斜、摆荡、反身和旋转动作以及各种优美的造型，使其具有既庄重典雅、舒展大方，又华丽多姿、飘逸欲仙的独特风韵。它因此而又享有“舞中之后”的美称。

维也纳华尔兹（VienneseWaltz）臣P快华尔兹，在交际舞中它的历史最悠久，19世纪就成为交际舞中的“舞蹈之王”。它的步伐简单，但技巧很高，要在快速的音乐中把反身、摆动、倾斜、升降等技巧动作完成。它的舞曲也是3/4拍，但每分钟要有50～60小节。由于它的难度很大，在学习中通常是放到其他几种舞学完之后再学。

（二）训练组合

第一组：第1×8拍

【1～2】男士右脚前进一步，身体稍向右转（顺时针）；女士右脚后退一步，身体稍向右转，如图6－4－38所示。

【3～4】男士左脚往左侧迈一步，右脚尖着地，从之字线转换成Z字线；女士右脚往右侧迈一小步，左脚尖着地，从之字线转换成2字线，如图6－4－39所示。

【5～8】男士现在站在Z字线上，右脚向左脚靠拢，右脚全脚着地；

女士现在站在Z字线上，左脚向右脚靠拢，左脚全脚着地，如图6－4－40所示。

图6－4－38　　图6－4－39　　图6－4－40

第二组：第2×8拍

【1～2】男士左脚沿着Z字线后退一步，不转身；女士右脚沿着Z字线前进一步，不转身，如图6－4－41所示。

【3～4】男士右脚往右侧迈一步，脚尖着地，不转身；女士左脚往左侧迈一步，脚尖着地，不转身，如图6－4－42所示。

【5～8】男士左脚向右脚并拢，左脚全脚着地；女士右脚向左脚并拢，右脚全脚着地，如图6－4－43所示。

图6－4－41　　图6－4－42　　图6－4－43

第三组：第 3 ×8 拍

【1 ~2】男士右脚后退二步，身体稍向左转（顺时针）；女士左脚前进一步，身体稍向左转，如图 6 –4 –44 所示。

【3 ~4】男士左脚往左侧迈一步，脚尖着地，从 2 字线转换成之字线；女士右脚往右侧迈一步，脚尖着地，从 Z 字线转换成之字线，如图 6 –4 –45 所示。

【5 ~8】男士现在站在之字线上，右脚向左脚并拢，右脚全脚着地；女士现在站在之字线上，左脚向右脚并拢，左脚全脚着地，如图 6 –4 –46 所示。

图 6 –4 –44　　图 6 –4 –45　　图 6 –4 –46

第四组：第 4 ×8 拍。

【1 ~2】男士左脚沿着之字线前进一步，不转身；女士右脚沿着之字线后退一步，不转身，如图 6 –4 –47 所示。

【3 ~4】男士右脚往右侧迈一步，脚尖着地，不转身；女士左脚往左侧迈一步，脚尖着地，不转身，如图 6 –4 –48 所示。

【5 ~8】男士左脚向右侧并拢，左脚全脚着地；女士右脚向左脚并拢，右脚全脚着地，如图 6 –4 –49 所示。

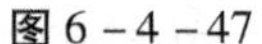

图 6－4－47　　图 6－4－48　　图 6－4－49

参考文献

[1] 朱列文，李薇. 服务礼仪与形体训练 [M]. 北京：中国轻工业出版社，2014.

[2] 王芬. 秘书礼仪实务 [M]. 北京：电子工业出版社，2009.

[3] 黄咏. 形体训练 [M]. 武汉：武汉大学出版社，2013.

[4] 鲍日新. 社交礼仪：让你的形象更美好 [M]. 上海：上海教育出版社，2005.

[5] 关洁. 个人形象设计 [M]. 北京：中国戏剧出版社，2011.

[6] 王建民. 管理沟通理论与实务 [M]. 北京：中国人民大学出版社，2005.

[7] 姚宪弟. 公关交际艺术 [M]. 北京：机械工业出版社，1995.

[8] 郭可愚. 形体美的训练 [M]. 北京：人民体育出版社，1982.

[9] 钱利安，王华. 金融职业礼仪 [M]. 北京：中国金融出版社，2009.

[10] 陈光谊. 现代实用社交礼仪 [M]. 北京：清华大学出版社，2009.

[11] 贾梦喜，陈开梅. 职业女性形象设计教程 [M]. 武汉：华中师范大学出版社，2009.

[12] 冯玉珠. 商务宴请攻略 [M]. 北京：中国轻工业出版社，2006.

[13] 徐桂云. 形体训练教程 [M]. 济南：山东大学出版社，2009.

[14] 潘肖珏. 公关语言艺术 [M]. 上海：同济大学出版社，2003.

[15] 胡晓涓. 商务礼仪 [M]. 北京：中国人民大学出版社，2005.

[16] 赵晓玲，张潇云. 形体塑造与训练 [M]. 重庆：重庆大学出版社，2014.

[17] 刘艳. 培养当代大学生风度美管见 [J]. 辽宁教育行政学院学报，2005 (2).

[18] 张先亮. 语言交际艺术 [M]. 北京：科学出版社，2000.

[19] 张惠兰，柏忠言. 瑜伽气功与冥想 [M]. 北京：北京人民体育

出版社，1986.

［20］叶奕乾，孔克勤. 个性心理学［M］. 上海：华东师范大学出版社，1993.

［21］吕维霞，刘彦波. 现代商务礼仪［M］. 北京：对外经济贸易大学出版社，2003.

［22］谢迅. 商务礼仪［M］. 北京：对外经济贸易大学出版社，2007.

［23］郑彦离. 礼仪与形象设计［M］. 北京：清华大学出版社，2009.

［24］吕维霞，刘彦波. 商务礼仪［M］. 北京：清华大学出版社，2007.

［25］何浩然. 中外礼仪［M］. 大连：东北财经大学出版社，2002.

［26］周庆. 商务礼仪实训教程［M］. 武汉：华中科技大学出版社，2007.

［27］孟慧清，孙立涛. 论健美操融入形体训练课的益处［J］. 化工高等教育，2003（3）.

［28］张澜. 民航服务心理与实务［M］. 北京：旅游教育出版社，2007.

［29］杨丽敏. 现代职业礼仪［M］. 北京：高等教育出版社，2007.

［30］邱伟光. 公共关系礼仪文化［M］. 北京：高等教育出版社，2000.

［31］李莉. 实用礼仪教程［M］. 北京：中国人民大学出版社，2006.

［32］李兴国. 现代商务礼仪［M］. 哈尔滨：黑龙江科学技术出版社，1998.

［33］周彬琳. 实用口才艺术［M］. 大连：东北财经大学出版社，2006.

［34］杨茳，王刚. 礼仪培训教程［M］. 北京：人民交通出版社，2007.

［35］韦克俭. 现代礼仪教程［M］. 北京：清华大学出版社，2006.

［36］邵守义. 演讲学教程［M］. 北京：高等教育出版社，2003.